必要なもの

炎と熾火

肉と塩

時間と忍耐

2

南米野外料理
アサード

アディ・ビッターマン
フランツ・グレーシング
ユルゲン・ケルネッガー
レオ・グラードゥル ●著

田中ケン ●監修
青木 柊 ●翻訳

ASADO

Ursprünglich
GRILLEN
über offenem
FEUER

自然の中で、火を熾し、肉を焼く。
これは、原点回帰のための書である。

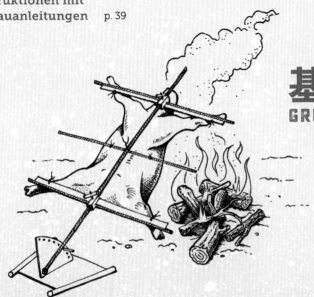

肉の部位
TEILKUNDE

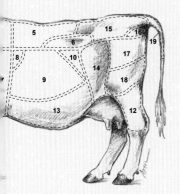

ドイツ式vs南米式の部位の定義
Deutsche vs. südamerikanische Teilung   p. 21

レシピ
REZEPTE

おわりに
NACHGLÜHEN

＊本文、レシピ内の注釈では、日本版オリジナルで比較的手に入り
やすい代用の食材などについても紹介しています。ご参照ください。

グリル料理ファンの皆様へ

Liebe Grillfreunde,

パチパチと音を立てる熾火、ほっこりとした暖かさ、そして焚火の明かりに包まれた、心地よい雰囲気。面白い会話や最高のアイデアは、焚火を囲むそんな空間で生まれるものです。

　最良のアイデアは、火のそばで生まれる。

　私たちのグリルコースでも、コンクールや世界選手権、そして友達や家族と過ごすプライベートな時間でも、変わらない事実です。

　この法則は、本書のアイデアを得た経緯にも当てはまります。そう、本書はまさに「火」から生まれた本なのです。この火を灯した最初の火花は、私たち4人が参加した「アサドール・デ・カサ・アサード」というアサード職人の養成コースでした。ゲルト・ヘルマン氏がオランダのアムステルダムで主催するこのコースは、私たちが愛する「火」の要素がふんだんに盛り込まれた、インスピレーションに満ちたものでした。

　アサードは、単なる「焼き網料理」、すなわちグリルのテクニックではありません。また、古き良きガウチョたちの時代を懐古するための手段でもありません。学び始めれば、人はすぐに気づくでしょう。アサードとは、料理の最も古く根本的な形態、そして南米のみずみずしい生命感に捧げる、あけっぴろげな賛辞なのです。発祥の地、南米において、アサードとは、様々な形式のグリル料理の総称であり、週末に大人数で囲む華々しいご馳走として、今でも親しまれています。

　熾火、肉、塩、そして時間の鮮やかな連携プレーがもたらす魔法こそが、このグリル料理の最大の魅力です。重要な基礎事項をいくつか学べば、アサードは実にシンプルな料理です。ハイテクのグリル器具は必要ありません。焼き網、グリルプレートやアサードクロスを地面に掘った穴やダッチオーブンに設置すれば、どんな献立もお手の物。その多様さ、簡単さには、きっと皆さんも驚かれることでしょう。

　私たちは、素材の質に気を配ると同時に、素材そのものに対して「敬意」を払うことを最も大事にしています。このため本書のレシピは、私たちの地元であるドイツやオーストリア産の食材をベースにしたものとなっています。ここでご紹介する数々のヒントをもとに、あなた独自のやり方で、スモーキーでクリスピーなグリルを目指してください。

　経験を重ねることで、最適な温度や理想的な焼き時間は感覚として身についてきます。同時に、自分の直感に対する信頼も揺るぎないものになっていきます。炎や熾火を操るテクニックを楽しみ、最後には、出来上がった料理を存分に味わいましょう。グリル好きな人には、必ずアサード職人、すなわちアサドールの精神が宿っているはず。私たちはそう確信しています。あなたのなかのアサドールが目覚めますように！

アディ・ビッターマン
レオ・グラードゥル
フランツ・グレーシング
ユルゲン・ケルネッガー

グリル

FEUERKÜCHE

南米のアサードから、ヨーロッパのグリルまで

北米にカウボーイがいるならば、南米にいるのはガウチョたちだ。アルゼンチン、ボリビア、パラグアイ、そしてウルグアイといった国々で、馬に乗って草原を駆ける牧童「ガウチョ」。彼らは昔からこの土地に根付き、国のシンボルとして愛されてきた。ノマドとして生きる彼らが大切にしたのは、家畜の群れだけではない。「火」もまた、なくてはならない旅の道連れであった。火は明かりや暖房になるだけではなく、料理道具としても活躍する必需品だったのである。

南米では、ガウチョならではのやり方で火を焚いて肉をグリルし、食する伝統が現在も生きている。機は熟した。今こそ、彼らの火の閃きを世界各国に広めていくときが来たと感じている。

アドリブの大切さ

「アサード（Asado）」とは、南米で食される様々な焼き網料理、すなわちグリル料理の総称だ。南米には各地に独自の特徴を持ったアサードが存在する。例えば、アルゼンチンの素朴なアサードは、主に豚、羊、牛の半身肉を十字に組んだ鉄板、通称「アサードクロス」にのせ、網の下の火の放射熱で何時間もじっくりと燻すものだ。ところ変わってブラジルの「シュラスコ」は、イチボ（ピッカーニャ）やトモサンカク（マミーニャ）といった牛部位を串に刺してじりじりと焼く串焼き料理である。また、鋳鉄製の焼き網「パリーシャ」は南米全土で使われているが、これはいわゆる一般的なバーベキューと同じように、熱した炭や石の上でのグリルに使用されている。

では、私たちがガウチョたちから学べるものとは何だろう。それはずばり、今そこにあるものを利用して最善を尽くそうとする「技」であろう。グリル台がなければ、コーティングされていないスコップを代用できるし、干し草用の熊手を串に見立てても良い。あるいは、木の幹の空洞を燻製炉として使うことだってできるのである。私たちは、羊の丸焼きのために注文したアサードクロスが何かの手違いで届かなかったとき、工事現場で使われる鉄格子やワイヤーを使って即席のアサードクロスを作り上げたことがある。このときの羊肉は、感動的なまでに美味であった。健康な人間の理性と、ちょっとした想像力。このふたつさえあれば、今すぐにでも思う存分にグリルを楽しむことができるのである。

最高の素材はすぐそばにある

アサードの主役は「肉」だ。南米では、アサードの肉は骨も入れて、たっぷり0.5キロが1人分とされる。その多くは牛肉だ。「グラスフェッドビーフ（牧草のみ食べて育った放牧牛の肉）」発祥の地ともいえる南米では、他の種類の肉は、どちらかといえば添え物のポジションに甘んじている。しかしながら、我々が実践するアサードには、もう少し変化をつけても良いだろう。実際のところ、豚や鶏、ジビエ、そして地元で釣れるマスやナマズといった魚は、赤く輝く熾火での調理に素晴らしく適した食材だ。また、季節の野菜や果物も忘れてはならない。これらを取り入れないのは、あまりにも勿体ない話である。

私たちが強調したいのは、最高の肉はアルゼンチンにではなく、もっと身近な、我々のすぐそばにある、ということだ。地元で努力を重ねる農場主や精肉業者のもとで、ぜひ良質の肉を発見してほしい。

友人・家族が集う祝宴

典型的なアサードとは、家族や親戚、そしてありったけの友人を招いた祝席のハイライトであり、週末の一大イベントである。

ボタンひとつで準備完了の現代のグリルとは違い、アサードは1日がかりで取り組むものだ。まずは食材の調達と準備。それが済んだら火を焚いて、理想的な温度になるまでじっと待つ。そしていよいよ肉をのせる瞬間。ギャラリーの雰囲気はどんどん盛り上がっていく。この間にも、具入りのエンパナーダ（197ページ参照）やトマトとローズマリーで燻したエビなどが前菜として振る舞われ、人々は舌鼓を打ちながら、肉

が焼き上がるまでの時間を存分に楽しむ。

良質の肉と塩にくわえ、アサードを成功させるには「時間」も欠かせない要素である。忍耐が足らず、早く焼き上げようと焦ると、仕上がりに不満が残ることが多い。また、肉は一度にまとめて焼くのではなく、順々に火にのせ、焼き上がりから食べていく方が好ましい。焼きたて、蒸したてのご馳走が、新鮮なサラダや野菜と一緒に次々にサーブされる仕組みだ。

そして最後には、皆で揃って甘いものを食べるのが習慣だ。よく出されるのは、ドゥルセ・デ・レチェ（牛乳と砂糖を加熱して作るキャラメル。多くはペースト状）をかけたフランである。デザートももちろん、熾火で作ることをおすすめしたい。

著者紹介
Portraits

4人の
アサドールたち
DIE VIER ASADORES

ドイツには、「コックが多いと粥がまずくなる」という諺がある。指図する人が多すぎると物事がうまくいかなくなる、という意味だ。しかし、完璧な焼き上がりの肉、灰から甦ったかのようなスモーキーで味わい深い野菜、そして炎がキスしたデザートが目の前にあるならば——コックの数など、いったい誰が気にするだろう？

ここにいるのは、グリルに惚れ込んだ4人のコック、グリル料理の世界チャンピオンだ。この4人がタッグを組めば、最高に美味で、最高に面白いグリルは保証されたようなものである。確かな知識と技を持つスターシェフのアサドール。冒

険好きなアルプスのアサドール。純粋なタッチを重んじる猟師のアサドール。そして、昔気質の素朴なアサドールが、それぞれ独自のやり方でテーマに取り組んでいく。

ユルゲン・ケルネッガー
Jürgen Kernegger

ユルゲン・ケルネッガー
Jürgen Kernegger

猟師の
アサドール
DER JÄGER ASADOR

「獲物を仕留めたら、ひとかけらも無駄にせず、すみずみまで利用すること」。ユルゲン・ケルネッガーが、幼い頃から繰り返し教えられた言葉だ。

5歳の頃から釣竿を手放したことがないユルゲン。その故郷、ドナウ川のほとりで焼いた「シュトッケルフィッシュ（串刺しにして炙った魚の丸焼き料理）」が、火を焚いて料理する楽しさを教えてくれたという。オーストリアのオーバーエスターライヒ出身のユルゲンのお気に入りは、地元で獲れる淡水魚、焼き網やグリルプレートを使ったジビエ、そしてやはり、アサードクロスで焼き上げたステーキ「ア・ラ・エスタカ」だ。 1匹の獲物を仕留めたら、猟師の修業はひとまず一段落。次は、いかに獲物を調理するかが面白い。祖父も猟師だったというユルゲンは、鼻先から尻尾まで、獲物を余さず解体し加工する知識を独学で習得していった。

そんなユルゲンが、妻からレオ・グラードゥル主催のグリルコースを紹介されたのは数年前のことだ。そして今では、ユルゲンはレオのグリル専門調理学校で、講師として一緒にワークショップを受け持つ立場となっている。ワークショップでは、普段お目にかかるチャンスが少ない、エキサイティングな野生動物を丸ごと手に入れ、調理するチャンスを受講者に提供している。

「そばにいるだけではなく、自ら飛び込むべし」をモットーとするユルゲンは、グリル初心者3人を誘い、4人組でグリルコンテストに挑んだことがある。コンテストに参加するのは初めてだったが、結果は、いきなりの3位。この好成績がユルゲンの狩猟本能に火をつけた。2017年以来、ユルゲン率いる「Natural Born Grillaz（生まれついてのグリラー）」チームは様々なコンテストに出場し続けている。しかしながら、猟師でありアサドールでもある彼にとって、アサードの真のスリルかつ最大の魅力は、一期一会で唯一無二の作品であるということ。同じ肉、同じアサードというものは存在しない。センセーショナルな味覚の世界を追求したいなら、ひとつひとつの肉、そして外気の気温をよく観察し、常に新しい調整を試みなければいけない。

まずは火を熾そう。話はそれからだ……。

フランツ・グレーシング
Franz Größing

アルプスの
アサドール
DER ALPEN ASADOR

　なぜ私たちは火に惹きつけられるのだろうか。フランツ・グレーシングは、火に魅力を感じる心は、私たちの遺伝子に刻み込まれていると確信している……。

　牛のブリスケットとベジタリアンの2種目でグリルの世界チャンピオンに輝いたフランツは、自身が講師を務めるグリルコースで焚いた火を囲むと、生徒たちは皆、子どもに返るのだと語る。4人のアサドールの中では最年長のフランツだが、好奇心旺盛で天真爛漫な性格と冒険精神はいつまでも色あせない。モンテカルロの一流レストラン、ベルトルト・ジーバー率いるコンスタンツのシュテファンスケラー、そしてキッツビュールのテナーホフ。めくるめくキャリアを邁進してきたオーストリア・ケルンテン出身のフランツだが、まさにこの好奇心、冒険精神が、彼の並々ならぬ原動力となっているのである。大学で教育学を学び、華々しい職場を渡り歩いた後、ヴィルダー・カイザーのツーリズム専門学校に講師として招聘され、その後29年間にわたり教鞭をとった経歴が、まさにこのことを物語っている。専門学校の教科課程にグリルはなかったが、フランツが初めて開いたグリルコースには参加者が殺到。予約受付を開始してからわずか10分で定員オーバーになったほどだ。以来、フランツは数々のグリルコースを開催してきた。また、有名花形シェフとして人気テレビドラマ『SOKOキッツビュール』に登場するスターシェフ、ハンネス・コフラーがお馴染みの刑事コンビに振る舞う料理のメニューを作り上げたことでも知られている。

　2013年、フランツは「グリルABC協会」を創立。定年後もここを足掛かりにグリル料理に取り組み続け、様々な場所でコースを開催し続けている。現在では、87名の会員がフランツのグリル学校に定期的に集まり、グリルの狼煙を上げている。そんな「グリルABC」は、すでに国内外の大会で数々の成功を収める優秀なグリル職人の一団だ。革ズボンがトレードマークのこのアサドールにとって、キッツビュールのアルプスの山々は、絶景の舞台であり、素材がたっぷりつまった貯蔵庫でもある。また、18年からはフランツが主催するグリル料理コンクール「Wild King BBQ Competition」も毎年開催されるようになった。ヨーロッパ中からグリル名人が集まり、その腕を競う大会だ。大会に参加する人々、そしてこれから参加したい人に捧げるアドバイスは「練習、練習、とにかく練習」。グリルの世界は奥深い。講師であるフランツにとっても、学びが終わる日はないのである。

フランツ・グレーシング
Franz Größing

アディ・ビッターマン
Adi Bittermann

アディ・ビッターマン
Adi Bittermann

スターシェフの
アサドール
DER HAUBEN ASADOR

　オーストリアのニーダーエスターライヒ州の自治体、ゲトレスブルンのレストラン兼ヴィノテーク「ビッターマン」。最高級の郷土料理で知られるこのレストランで腕を振るうのは、スターシェフのアディ・ビッターマンだ。アディは、自身が主宰する「第1カルヌントゥム・グリル学校」で教鞭をとり、グリルの知識を伝える教師でもある。

　彼には、エステルハージ宮殿の料理人だった祖母の血が脈々と流れている。その祖母に「最初の息子は料理人にしよう」と約束したのはアディの父だ。彼が歩む美食と料理の世界への道はこの時点で指し示されていたのである。だが、アディが将来グリルの専門家としてキャリアを積むことになろうとは、まだ誰も思い至ることはなかったはずだ。というのも、当時、バーベキューやグリルといったものはあくまで趣味として楽しむものであり、料理の世界では鼻で笑われることも多い分野だったのである。しかしながら、趣味のグリルが大好きだった父親が息子アディのグリルに対する興味を目覚めさせた。

　ウィーン市庁舎の地下にある「ヴィーナー・ラートハウスケラー」。シックで豪華な内装の店内で本格的な伝統料理を楽しむことができるこの有名レストランで、見習いとしてパプリカ・フーン（鶏のパプリカソース煮込み）を練習する傍ら、家では焚火を焚き、鍋のふちを飛び越える火花で味わいを出す術を学んだアディ。2つの「コック帽（＊）」だけではなく、ビーフブリスケット、野菜、豚肩肉の部門でグリル世界チャンピオンにも輝き、料理の修業を始めて38年目になる。

　彼にとっては、炎、熾火、そして煙のない料理など、今や到底考えられないという。その理由はふたつある。ひとつは、最新の技術がない場所では、食材と人間が料理の中心に返り咲くため。そしてもうひとつは、貴重なスローライフ体験が可能となるためだ。熾火が完璧に整うのを待つ間、そしてふく射熱のなかで食材が燻し焼かれるのを待つ間に、上質のワインやビールのグラスを共に傾ける時間は、すべてが少しだけスローモーションになるような、ゆっくりと時が流れる空間をプレゼントしてくれる。

　世界チャンピオン、アディのグリルコースの参加者は年間約5,000人にものぼる。彼らは皆、アディが作り出すゆったりとした空間で、粋な人生の醍醐味を実体験する。アルゼンチンでは、誰かが火を焚いたら近所全員が招かれ、食材を持ち寄ってグリルを始める習慣がある。ここヨーロッパでもそんなことが自然にできるようになるまでに、そう長い時間はかからないだろう。誰もが認めるこのスターシェフは、グリルファンの輪が、これ以上ないほどのスピードでどんどん広がっているのを実感している。

＊コック帽：フランスのレストランガイド『ゴ・エ・ミヨ』のレストラン評価システム。ヨーロッパではミシュランと並び強い影響力を持つ。ミシュランの星のように、ゴ・エ・ミヨはコック帽の数でランキングを表す。

レオ・グラードゥル
Leo Gradl

石器時代の
アサドール
DER STEINZEIT ASADOR

　今から思えば、レオ・グラードゥルが左官工見習いに採用されなかったことは、まったくもって思いがけない幸運だった。左官工への道が断たれたレオは、料理人見習いとして厨房に入ることを決意。後には、ニーダーエスターライヒ出身の料理人としてチロル地方の一流ホテルを渡り歩き、「コック帽」付きのスターレストラン「テナーホフ」や「シュベーデンカペレ」で料理長を務めた後、独立の一歩を踏み出すことになる。料理人としての自分のキャリアは、厳しいグルメシーンで何年間もエクストリームスポーツをやってきたようなもの、と言う。そんな離れ業をやってのけてきたレオは、今また新たなプロジェクトに胸躍らせている。2011年のグリル世界大会で総合チャンピオンに輝いたレオは、自ら陣頭指揮を執り、オーバーエスターライヒ州のミュールフィアテルにある古い製材所「シュルツミューレ」を修築。自然のなかでのグリルを愛する人々が集まる、巡礼地のような場所をつくりたいという夢を叶えたのである。

　一度グリルの魅力にとりつかれたら、もう二度と引き返せない。このことは、スターシェフである彼自身が身をもって体験したことだ。レオが経営するキルヒビッヒルのレストラン「レオズ・ラントハウス」では、常連客たちの声を受け、2007年にはすべての料理がグリルで作られたメニューも完成した。また、いつの間にかグリルのセミナーに変身した料理コースが、レオのグリル学校の基礎となった。アイデアとオリジナリティで勝負するレオは、今では年間70ものコースを主催。さらに「シュティレス・タール」と銘打ったプロジェクトでは、バーベキューイベント「スモーク・オン・ザ・ウォーター」を開催し、グリルと共に自然のなかでリラックスした時を過ごす機会を人々に提供している。

　「シュティレス・タール」、つまり「静寂の渓谷」と名付けられたこのプロジェクトは、まさにその名の通りの静かな自然のなかで行われる。主に南ドイツやオーストリアの比較的低い山脈や草原地帯に生息するヴァルト羊が草をはみ、ニワトリが自由に歩き回る森の中では、喧噪も忙しさもなければ、携帯の電波も届かない。文明から離れたところでグリルを楽しむレオは、石器時代のアサドールと呼べるだろう。レオにとっては、エイジングルームで最高の味わいに熟成する食材をじっくりと観察するのは、テレビを観るよりもずっと楽しいことだ。こうして熟成された肉は、レオの有機農場や地元で採れた果物や野菜と一緒に熾火の上で調理される。世界クラスのグリルに最も適した食材は「地元」にある。そうレオは確信している。

レオ・グラードゥル
Leo Gradl

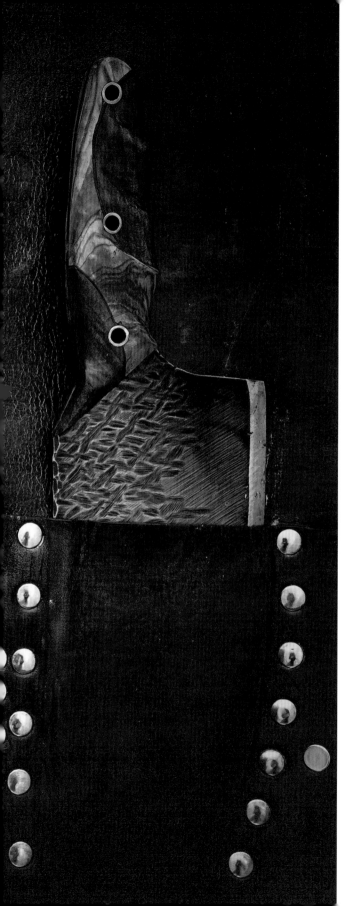

牛肉
Rindfleisch

部位
DIE TEILE

著者たちの住むドイツ、オーストリア、スイスといった欧州（そして日本）での一般的な肉の部位に比べると、南米で切り分ける部位はサイズも大きく、厚みもある。たとえば南米では、きちんとしたステーキといえば少なくとも500g以上のサイズが普通である。それもそのはず。アルゼンチンやその周辺国では、牛肉はさっと焼くものではなく、低温で何時間も燻すものだ。牛の肩三角肉をまるごと焼くカルネ・アサードのほかに、肩ロース（パレータ）のフラットアイロンステーキや臀部もも肉の上部分（ピッカーニャ）なども、もちろん熾火の上で調理される。これらの肉は、欧米ではシチューや鍋料理に使われる部位である。本書では、アサードに好んで使われる部位と、それらの部位がドイツ、あるいは日本では一般的にどう呼ばれているのかを紹介する。

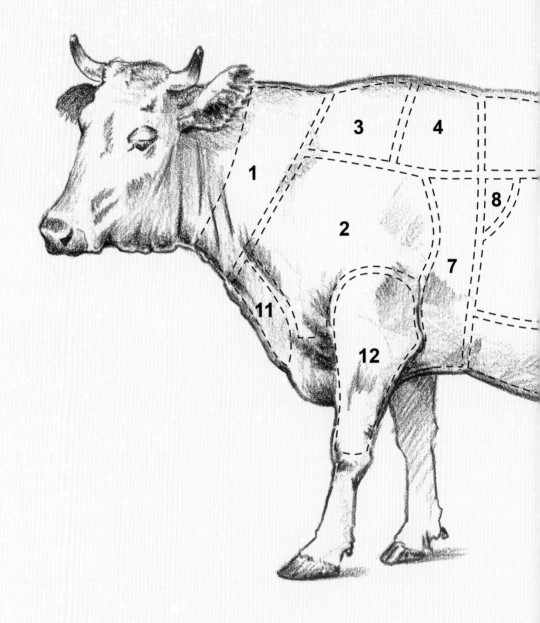

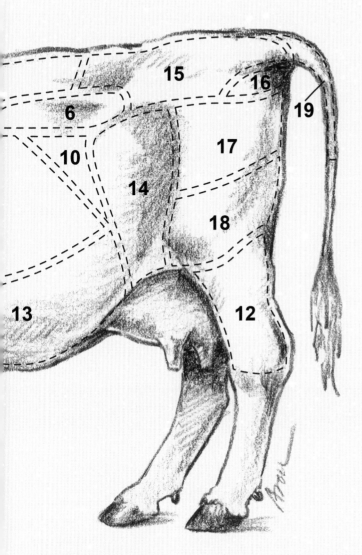

牛肉部位（ドイツ式）
DEUTSCHE TEILUNG

1 首肉

2 肩肉（フラットアイロンステーキ）

3 肩ロース／上部背肉

4 リブロース
　　（リブアイステーキ、アントルコート）

5 サーロイン（Tボーンステーキ、
　　ポーターハウスステーキ、ランプステーキ）

6 フィレ（テンダーロイン）

7 上部バラ肉

8 サガリ／ハラミ（ハンギングテンダー）

9 カルビ、トモバラ

10 トモサンカク

11 胸肉（ブリスケット）

12 腕スネ肉、足スネ肉

13 牛バラ肉

14 マル／シンタマ

15 腰肉（ランプステーキ、サーロインステーキ）

16 ランイチ

17 モモ肉上部

18 モモ肉下部

19 テール

＊ドイツ式をベースに日本での一般的な呼び方などにアレンジしています。

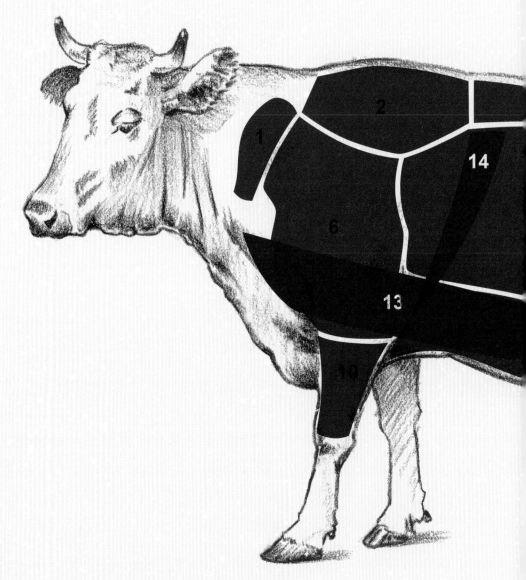

牛肉部位 (南米式)
SÜDAMERIKANISCHE TEILUNG

1 パロミータ

2 ビッフェ・アンチョ (リブロース)

3 ビッフェ・デ・コスティージャ
(Tボーンステーキ)

4 ビッフェ・デ・ロモ (フィレ)

5 クァドリル／ピッカーニャ (イチボ)

6 パレータ (肩ロース)

7 アサード／コステーラ (リブ)

8 バシオ (わきバラ)

9 ナルガ (内モモ)

10 オソブーコ (腕スネ肉)

11 マタンブレ／マミーニャ
(なかバラ、トモサンカク)

12 ガロン (足スネ肉)

13 ファルダ (トモバラ)

14 エントラーニャ (ハラミ)

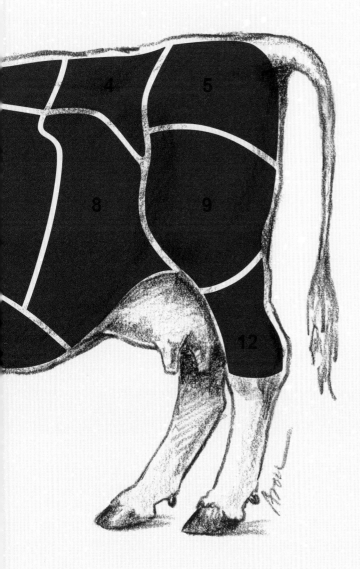

熾火、肉と塩
GLUT, FLEISCH UND SALZ

グリルコースの参加者は、単なる肉の塊から素晴らしい料理が短時間で生み出される、その過程のシンプルさに驚くことだろう。

グリルでは、様々な場面で直感がものを言う。この直感はトレーニングを積めば磨くことができるが、まずは重要な基礎を学んでおく必要がある。アサードの重要なエレメントは4つ。完璧な熾火、理想的な肉や他のグリル食材、塩、そして十分な時間だ。

1. 熾火

「火の料理」である「フォイアーキュッヘ」すなわちグリルは、その名に反して、食材が炎に直接触れることはない。炎に直接当てると、食材は炭化してしまう。炎が消えると、そこで初めて「熾火」と呼ばれるものが発生する。この熾火のたゆまぬ強力な熱で、食材を焼き上げるのである。アサードに適した完璧な熾火の準備時間は、少なくとも1時間半はみておこう。

完璧な焚火で「炉端」を作る

自宅の庭でも、公共のバーベキュー場でも、消防当局が定めるルールをしっかり守ろう。例えば私たち筆者陣が在住するドイツ、オーストリア、スイスでは、州ごとに規定・条例が異なる。このため、事前に地域の消防署、市役所等の自治体当局に防火・大気清浄法について問い合わせることが推奨される。また、雨が少なく風の強い時期には、火気の使用が禁止される決まりが追加されるので注意が必要だ。

火を焚くときのチェックリスト

- 法律や規制を確認し、必要であれば許可を取る

- 火を焚く場所には、土や砂、または平たい石でできた平坦な乾いた地面で、風が直撃しない場所を選ぶ

- 建物、森、木々や発火しやすい物体から十分な安全距離を確保する

- 大きな石やレンガを円形に並べるか、または鋳鉄製リングを用いて、火の封じ込めや防風対策を講じる

- 消火用に、水、スコップと土または砂、もしくは消火器を用意する

- 食事場所は風向きと逆方向の場所につくる

火から熾火へ

火を燃やすには、酸素に加え、燃料と熱が必要だ。燃料として最適なのは、数年間の貯蔵期間を経て木材湿度が10%未満になっている**乾燥した硬木**である。マツ、モミ、ポプラなどの柔らかい木材は、点火は速い。しかし、ブナ、カエデ、カバノキやオークといった硬い木材で作った炭は、より高温で長時間燃える特性がある。長さ約30 cmの薪が最も便利だろう。

また、市販の**グリル用着火剤**（固形、液体、ジェル状）やマグネシウム火打石、木毛、残材や割木、またはおがくずを使って点火することもできる。ボール紙や薄紙などは使わない方が良い。灰が辺りに舞い散り、料理や衣服を汚してしまうだろう。火を強めるためにアルコールやガソリンを使うことは非常に危険であり、タブーである。

自家製のグリル着火剤

火を起こすのに必要な材料は、空の段ボールロール、ロウソクの残り、乾いた松ぼっくり、残材や割木、おがくずなど、家庭、森、庭にあるものばかりだ。

1. ボール箱に空の段ボールロールをいくつか立て、各ロールの3分の1までおがくずを詰め、小さな松ぼっくりを入れる。

2. 古い鍋にロウソクの残りを入れ、火にかけてゆっくりと融かす。

3. 液状になったロウを段ボールロールに流し込み、数時間もしくは一晩かけて硬化させる。

温度の推測と制御

簡単に温度を戻せるガスグリルとは異なり、焚火の温度はワンタッチというわけにはいかない。しかし、少しの練習とコツをつかめば、温度を判断・制御することは十分にできるようになる。熾火が**白い灰の層**に覆われたら、理想的な状態になった合図。アサードの始まりである。熾火から絶対に炎が立たないようにすることも肝心だ。**大まかな公式**は次の通り。

肉から5センチメートルの位置に5秒間手をかざすようなら、熱の状態は完璧である。また、熾火をよく観察すること。熱が途切れると、肉が発酵し始めてしまう。**脂**が垂れてしまったら、熾火は取り換えよう。温度を調整するには、**グリルの食材と熱源の間の距離**を変えるのが一番手っ取り早い。新たにくべられるよう、常に薪を何本か用意しておくと良いだろう。

温度ゾーンを正しく活用

色々な食材を最高の状態で調理するには、ひとつのグリル台に様々な温度ゾーンを作り、直火焼きと間接焼きの両方を楽しめるようにするのがお勧めだ。

直火焼きは、脂肪分の少ない小さめの肉、ソーセージ、魚介類や野菜に適している。食材を火の上に直接かざして焦がし焼きし、カラメル化によってロースト独特の薫りを出すテクニックである。

間接焼きは、大きめまたは厚め・硬めの肉、鳥や魚の丸焼き、リブ肉や他の部位の骨付き肉の調理に用いられる。直火焼きと違って、燃料からは少し離れた場所に食材を配置することで、ゆっくりと、柔らかな燻し焼きに仕上げる方法である。

多くのレシピでは、この2つの方法が**組み合わせ**られている。まず最初に高温の熱で食材をさっと直火で焼き、焼き色を付ける。続いて低めの温度で、希望の焼き具合になるまで焼いて完成という流れだ。

2. 肉

牛肉——アサードのクライマックス

1人あたりの牛肉消費量は約60キロ、世界第1位。データが指し示す通り、アルゼンチンの人々は、牛肉が大好きだ。アルゼンチン産・ウルグアイ産の牛肉は、国外でも広い人気を誇り、味・質においても最高峰の肉として名を馳せている。世界中のグルメたちが誉め称える高い品質は、アルゼンチンの牛肉産業に根付いた、品種、畜産・給餌方式の絶妙な連係プレーによって実現している。この卓越した肉が生まれるまでの過程を知り、その品質を鋭く見極める能力を身につければ、地元でも素晴らしい肉を発見することは可能であろう。

品種

郷に入っては郷に従え。これは品種についても言えることだろう。北米・南米で飼育されているのは、主にアバディーン・アンガス種、ヘレフォード種、シャロレー種などだ。これに対し、ドイツ語圏では、乳牛としても肉牛用としても質が高い兼用種が大半を占めている。肉用牛としての特性が強い品種は、筋肉の形成がより顕著となり、良質の脂肪が沈着する。このため、繊維の細かい、「さし」入り（霜降り）の肉が出来上がるというわけだ。ヨーロッパ原産のギャロウェイ種やジャーマン・アンガス種（アバディーン・アンガス種とドイツ原産の兼用種の交配種）にも、このような品質が期待される。

飼育

放牧の機会が多い牛には、強い筋肉が必要になる。その強い筋肉は、しっかりと引き締まった肉を作る土台だ。かつて、南米の広大な草原地帯「パンパ」の牛たちは、1年を通して広大な草原を自由に闊歩し、至るところで草を食んでいた。見渡す限りの草地が、そのまま彼らのご馳走だったのである。現在、この牧草地帯は大豆栽培のために縮小が進み、北米に倣った肥育場で飼育される牛の数が増加している。しかしながら、有機飼育や放養飼育を行っている農場は十分な放牧面積を提供し、牧場の所在地に関わらず、高級肉生産の基礎を築いている。

飼料

飼料は、牛の栄養状態だけではなく、肉の見かけや味にまで影響を及ぼす。飼料の品質は肉の品質に直結すると言っても過言ではないほどだ。青刈飼料（牧草、干し草）を食べている牛では、穀物や大豆などの濃厚飼料を与えられている牛よりも、低脂肪で赤身の多い肉ができる。また、肥育の期間も非常に重要だ。筋肉組織が均等に発育し、旨み成分がしっかりつくようにするには、それなりの時間がかかるのである。

熟成

肉の熟成方法は、その国ごとに異なるものだ。これは、その国で支配的な気温状態により熟成の加減が大きく左右されることと関係している。私たちの地域では、肉は数日間から数週間にわたって真空バッグ（ウェットエイジング）か熟成室（ドライエイジング）で熟成されるが、これには2つの理由がある。1つは、典型的な肉の香りを出すため。もう1つは、ストラクチャーの柔らかい肉を作るためだ。南米では、屠殺から実際に肉が食卓にのるまで、かかる時間は最大でもほんの数日だ。貯蔵時間がほとんどない分は火の上の調理時間の長さで補い、肉を柔らかく仕上げることが可能となっているのである。

年をとった牝牛の熟成肉

フランス、スペイン、ポルトガルではすでに長く知られる『Txogitxu』（チョギチュ）。牝牛が年をとればとるほど筋肉内の脂肪分が増え、さらに強力・複合的に優れた味わいが楽しめるというものだが、ここ数年では中欧地域でも話題である。最近では、オーストリアやドイツでも、5〜6回の出産を経た8〜20歳の母牛を屠殺した肉が手に入るようになっている。

豚、羊、鴨、ジビエ

最高の副菜とともに
Tierisch gute Beilagen

豚、羊、鶏、ジビエ

アサドールが扱うのは牛肉だけではない。クリスピーに焼き上がった豚肉（セルド）、香り高い羊肉（コルデロ）、ジューシーな鶏肉（ポージョ）、そして柔らかなジビエ（ベナード）も、美食のスペクタクルを構成する重要なエレメントだ。南米では副菜としての地位に甘んじているこれらの食材も、こちらではステーキよりも人気を博すことがある。もちろん、素材の品質が申し分ないことも前提条件だ。

お気に入りの品種を見つける

「最良の肉は、牧草地と自然の飼料を食べて育った地元原産の品種にある」。

これが私たちの確信であり、信条である。ジューシーさと香り高い脂肪分を兼ね備えた肉が完成するまでには、ほんとうに時間がかかるものだ。とにかく速さにこだわる肥育場で、わずか数カ月間で出来上がるものではないのである。ゆっくりと成長した家畜は年をとっても丈夫な体躯を保つため、広々とした土地での放牧に適している。また、こうした家畜は、それぞれの品種において、うま味と「さし」がその肉にしっかりと根付く前提条件を満たしているのが常である。本書のレシピでは、シュベービッシュ・ハル種、デュロック種、カルテンバーガー・ウィスキー種といった豚肉や、ヴァルト羊の肉などを使っている。昔ながらの品種を育てる地元の繁殖業者に目を向け、豚、羊、鶏のお気に入りの品種を見つけてみよう。

グリルに適したジビエの熟成

イノシシ、ノロジカ、シカやカモシカを完璧に熟成させるには、まずは0〜7℃の冷蔵室で5〜6日間の熟成期間を経る必要がある。皮を剥ぎ解体するのはその後だ。なお、ジビエを酢入りのマリネ液に漬けるのはお勧めしない。この方法は、熟成期間が長すぎたか、熟成温度が高すぎたジビエ（狩猟肉）のつんとくる風味を和らげるために以前は用いられていたが、現在では好まれていない。

最初のステップ、最初のカット

肉を室温にするには、1キロ以上の大きな肉であればグリルの2時間前に冷蔵庫から出しておくのがベストだ。もっと小さな肉ならば、1時間前で十分だろう。

丸ごとの豚や羊にはアサードクロスを使用する。これにはまず肉切り包丁を使い、胸骨に沿って胸郭を開く。胸郭を開いたら内モモの間の肉を2つに切断し、内モモが外に向かって平らに開くようにする。

肉からは、筋、結合組織や余分な脂肪を取り除く。脂肪の層はそのままとっておく。カリカリの上皮ができるよう、十字に切り込みを入れる。肉の部分まで切ってしまわないように注意すること。

丸ごとの鶏の場合は、冷たい水で内側も外側も洗い、布で軽く叩いて乾かす。皮は取らないこと。取ってしまうと、カリカリとした食感を楽しめなくなってしまう。さらにカリッと仕上げたい場合は、皮の下にバターの小さい塊をいくつか忍ばせるか、カモ胸肉の場合は皮の側に切り込みを入れる。皮と肉の間の空間には、パンのフィリングなどを詰めても良い。

鶏肉の観音開きは、まず鶏肉を胸を下にして置き、鶏肉用ハサミで背骨の左右1センチの場所に背骨に沿って切り込みを入れ、背骨を取り除くのが一番簡単だ。続いて胸側を上にして置き、鶏を開いて手で押し平らに整える。

モツ（臓物）は皮を剥ぎ、洗ってから丁寧に皮や筋を取り除く。

魚介類

川と海でグリルを楽しむ
Gegen den Strom grillen

魚介類

基本的には、どんな魚もグリルを楽しむにはぴったりの食材だ。特に、身が締まった硬めの魚や脂肪分が多い魚はグリル向きである。魚用の合わせ焼き網（フィッシュグリルバスケット）を使えば、魚をひっくり返すのも簡単だ。なお、熾火で燻し焼きにするには、あまり大きくない魚が適している。これは、長時間焼いている間に、皮が焦げ付いてしまうことがあるためである。

ベスト・チョイスは地元の魚

私たちが住むオーストリアのオーバーエスターライヒやその周辺には、種の多様性に恵まれた素晴らしい自然がある。このため、海で獲れる魚よりも、地元の川や湖にいる淡水魚を好むのが常だ。真っ先にあげられるのは「ヨーロピアンパーチ（スズキ目ペルカ科の淡水魚）」だ。スイスでは「エグリ」と呼ばれ、魚料理には外せない存在である。その他にも、スズキ（ホタルジャコ）、イワナやマス、ドナウイトウ、ナマズやグレーリング（サケ科の淡水魚）、そしてＹ字型の背骨を持つためややテクニックを要するキタカワマスなど、川の食材には事欠かない。ローチやブリーム（いずれもコイ科の淡水魚）などの白身魚も、火を焚いた調理に向いている。

地元の業者が運ぶエビ

甲殻類のなかでも特に人気のあるエビだが、木串に刺したエビに好みの味付けをほどこしたら、直火などでグリルしてみよう。ガラスのように透明な部分が身にまだ少し残っている状態でサーブすれば、ジューシーで柔らかな前菜の完成である。ドイツのクルスタ・ノヴァ社をはじめとする向上心のある養殖業者は、抗生物質や殺虫剤を使わない養殖法を実践し、持続可能で高級志向の製品を送り出すことで、アジアや南米の大量生産品に対抗している。

最初のステップ、最初のカット

魚や貝、カニ・エビなど、海の幸は必ず新鮮なものを使おう。氷の上で冷やされていたもので、嫌な臭いがしないことがポイントだ。店で魚を買うときは、皮に輝きがあり湿っていること、目が濁っておらず透明であること、えらが赤くぴったりと張り付いていることが重要だ。エビは、調理する前に身肉に切り込みを入れてみよう。汁が出てこなければ、新鮮なしるしである。

丸ごとの魚は、うろこ引き、バターナイフ、またはスプーンを使って念入りにうろこを落とし、流水で洗い流す。それが済んだら、尻尾からえらまでを腹に沿って切り開く。さらに指で腹を開き、内臓を取り除いて腹腔をよく洗う。魚全体をしっかり洗ったら、布やペーパータオルで軽く叩いて乾かす。
ブロックにするには、魚を皮ごと3〜4cmの蹄鉄形に切り分ける。
魚を切り身にさばくには、えらの後ろにおろし包丁を斜めにあてがい、背骨まで切り込みを入れる。包丁をまな板と平行になるよう横向きにし、背骨に沿って尻尾の先まで包丁を動かす。上身を取り外す。腹の皮と腹骨をそぎ取る。中骨が残っているか確かめ、ピンセットで取り除く。反対側でも同じ手順を繰り返す。
エビは冷たい流水で洗い、頭部を軽くねじって身から外す。頭を取った部分から尻尾の先まで殻を外す。エビの背に切り込みを入れ、ワタを取り除く。身をしっかり洗い、布やペーパータオルで軽く叩いて乾かす。

3. 塩

　中世には、金と交換されたほど貴重だった塩。今日でも、塩は台所には欠かせない存在だ。

　シンプルさを重んじるグリルにとっても、それは例外ではない。世界最古の香辛料でもある塩は、食材に旨みを与え、同時に旨みを引き立てる効果がある。塩気を出すだけではなく、肉や脂肪独特の香ばしい味を強調するのにも役立つ優れものだ。海塩からヒマラヤ岩塩まで、市場には実に多くの種類の塩が出回っている。これらの共通点はひとつ。それは、97％以上が塩化ナトリウムで構成された物質であるということだ。たとえば細かい塩粒は、ふわっとした大きなクリスタルソルトの欠片よりもずっと味が濃い。しかし、水に溶かしてしまえば味に違いはなくなるのである。むしろ、塩の極意は、口に入れたときの食感や、それぞれに異なる食塩結晶の口当たりにある。

ぴったりの塩を選ぶ

　海水を入れた蒸発釜から取り出しても、または岩塩坑で採掘しても、結局のところ、塩の源泉は海である。また海といっても、現存する海洋の場合もあれば、過ぎ去った時代の原始海洋に堆積したものを指している場合もある。工場で生産される一般的な食卓用の塩とは異なり、自然塩には固化防止剤は含まれておらず、自然のままで袋詰めされる。

　基本的に、塩には「山塩」「海塩」「岩塩」の3種類があり、それぞれ製造法が違う。

山塩とは、水を流して山の岩から塩を溶かして採る塩である。山から溶け出した塩水は製塩所で煮詰められるが、このようにしてできた真っ白の純粋な塩は、塩化ナトリウムの含有率が非常に高いものとなっている。最新鋭の技術を駆使した製塩場はヨーロッパにいくつも存在する。オーストリアのエーベンゼー近郊、ザルツカンマーグートの製塩所もそのひとつで、ここでは、実に400年以上も前から塩水を煮詰める製塩方法が行われている。

<u>使用法</u>：日常的な調理、液体に溶かす場合など。

海塩は、いわゆる「塩田」にて採取されるものだ。人工的に作った窪地に満たした塩水を、風や太陽の力で蒸発させる方法である。こうしてできた粗い海塩は乾燥しており、ソルトミ

ルに入れて使うのに適している。

<u>使用法</u>：調理、グリルのためのマリネや調味、細かく挽いて塩水に、粗挽きでソルトクラスト焼きに使う。

岩塩は、伝統的に岩塩坑から採取し、多くの場合は手作業で岩を粉砕したり、または挽いたりして作る。岩塩は周囲の環境の影響を最も受けにくいため、最も自然（天然）な塩とされる。

<u>使用法</u>：調理、マリネ、調味。

特殊な塩、中でもヒマラヤ岩塩は、その名に反してヒマラヤでは採れない。代表的な採取場所はパキスタン、インド、ポーランドである。不純物が混じっているため、色は鉄色になっている。

<u>使用法</u>：ソルトミルや乳鉢に入れて挽き、調理用・食卓用の塩として使う。

マレーリバーソルトは、オーストラリアのマレー・ダーリング盆地にかつて存在した塩水湖が干上がった土地で採取する塩である。フレーク状のこの塩は、色はオレンジがかったピンクである。味はマイルドで、溶けやすい。

<u>使用法</u>：グリルされた肉、魚やその他の海の幸にふりかけるフィニッシングソルトとして使う。

ピラミッドソルトは海塩の一種。濃縮した塩水を熱し、ピラミッド形の結晶になったものを採取する。柔らかいフレークには軽い苦味がある。色は、火山灰のため黒く染まっていることが多い。

<u>使用法</u>：グリル肉に散らす等、デコレーションソルトとして使う。

ハワイアンソルトの塩化ナトリウム含有率は95％と、やや低い。わずかに湿気が残っており、マイルドな味わいが特徴だ。太平洋に浮かぶ島で作られるこの海塩の色は、活性炭で黒に、アラエアクレーで赤に、または笹エキスで緑色に染められる。

<u>使用法</u>：魚、野菜、サラダに使う。またはカラフルなアクセントとして使う。

基本のスパイス（215ページ参照）

フルール・ド・セルは「塩の女王」として知られ、フランスやスペインの海岸の塩田で手作業で作られる。非常にデリケートなこの「塩の花」は、一粒でもたちまちのうちに深い味わいを口の中に広げる。挽かずにそのまま使う。

<u>使用法</u>：グリルした肉、野菜、スイーツに飾るフィニッシングソルトとして使う。

スモークソルト（燻製塩）は海塩の一種。ウッドチップで燻製にかけ、ハムにも似たスモーキーな香りを付けた塩である。

<u>使用法</u>：焼いた肉、野菜のグリルや鍋料理の上品な仕上げに使う。

シーズニングソルトは、ローズマリー、カレー、サフラン、ショウガなどのハーブや香辛料、そしてラズベリーやレモン等のフルーツで香りを付けた塩である。 時間と共に香辛料は底の方に沈むため、使用前には瓶をよく振って使うこと。

<u>使用法</u>：料理の味を手軽に整えたり、香りを付けたいときに使う。

スパイスミックス／ペースト

「猟師のアサドール」ユルゲンのようにシンプルさを追求するアサドールにとっては、グリルの食材に加えるスパイスは塩のみだ。対して、様々なスパイスをフル活用したい人には、色々な肉や魚、野菜に使える私たちの自家製レシピによるスパイスミックス（215ページ参照）をお勧めしたい。挽いたスパイスはすぐに香りを失ってしまうため、スパイスミックスは必ず密封容器で保存することが肝心である。混濁タイプのリンゴジュースやパイナップルジュース、またはビール、赤ワイン、白ワイン、ウイスキーといったアルコール飲料を混ぜて少し煮立てれば、あっという間にスパイスペーストが出来上がる。

マリネ

元々は肉の保存期間を延ばす目的で行われていたマリネだが、今では主に食材の味わいを深め、テクスチャーを整えるための手法となっている。熱安定性のオイルを使ったマリネ液は、グリルの食材を酸素から保護し、ハーブやスパイスを利かせるのに役立つと共に、食材が焼き網にくっつくのを防ぐ役割もある。酢、ワインやレモン汁を使った酸っぱいマリネ液は、肉の組織を緩めて柔らかく仕上げるなど、焼き上げのプロセスで効力を発揮する。

正しいタイミング

原則として、肉が大きければ大きいほど、厚ければ厚いほど、そして筋が多ければ多いほど、早い段階で塩を加えた方が良い。塩を加えるとまずは肉から水分が奪われ、塩を含んだ汁が滲みだしてくる。この汁はゆるんだ筋肉繊維によって再び吸収され、均等に配分されて、焼く時にも内部に維持され易くなる仕組みである。このプロセスは、室温で行うとより早く効果が出る。このように、正しいタイミングで塩を使えば、風味が良くジューシーな肉が手に入るのである。マリネの場合も原理は同じだ。柔らかい食材なら数分間のマリネで十分。しかし大きな肉の塊となると、マリネ液が食材にきちんと作用するまでに、ときには24時間もの漬け置きが必要になる。マリネ液に漬けた食材は、必ず涼しい場所か冷蔵庫に保管しよう。

グリル前のタイムテーブル（例）：
前日／前夜：丸ごとの動物、豚のばら肉や仔牛のローストなど大きな肉に塩をすり込む、もしくはマリネする。
1〜2時間前：鶏や丸ごとの魚に味付けをする、もしくはマリネする。
15〜45分前：ステーキ、チョップ、サイコロ肉を厚みに合わせて味付けする、もしくはマリネする。
15分前：魚の切り身を味付け、もしくはマリネする。エビを塩水に漬ける。

4. 時間

焼き時間は直感で

アサードクロスに張り付けた羊、ロティサリー（回転式串焼き器）に刺した豚のばら肉、焼き網にのせた鶏肉。これらの焼き時間は様々なファクターに左右される。同じ種類の動物であっても、まったく同じ個体というものは存在しない。また、各部位の肉もそれぞれ違う特性を備えている。火を焚くのに使う木だって、自然の産物だ。完全に同一の薪は、この世に2つとはないのである。外気温や天候によっては、夏には2時間半でできる料理も、冬には火が通るまでに5時間かかることもある。

アサードでは、時間だけではなく、目標温度や、その前に肉を寝かせておいた時間を基準にグリルを進める。このため、私たちのレシピに「焼き時間」はない。その代わり、肉の芯の温度が目安として記載されている。

動かず、じっと待つ

アサドールにとって、忍耐は美徳だ。炎や熾火の上で何度も食材を動かしたくなる衝動に打ち勝ち、絶好のタイミングが来るのを静かに待って食材をひっくり返す。これが正しいアサードである。忍耐をもって臨んでこそ、カラメル化が始まったクリスピーなクラストと、あのロースト独特の薫りが実現されるのだ。

待つのが肝心

経験豊かなアサドールは、温度計は使わない。また、焼き具合を確かめるために肉を切ることも決してない。それは、アサドールとしての自分の感覚を信頼しているためだ。

イギリス風、ミディアムまたはウェルダン。喜びをもたらすならば、焼き具合はなんでもOKである。しかし、お楽しみの前には我慢がつきものだ。グリル肉が焼き上がっても、すぐに切り分けるのはタブーである。まずは5〜10分寝かせて、汁が肉全体に行き渡るのを待つことが大切だ。シカの後脚や大きな魚など、サイズが大きい食材の場合は、少なくとも15分は寝かせておくことが推奨される。寝かせ時間は、食材の深部温度が上昇しなくなったら終了である。

グリルの
メソッド

FEUERKÜCHE MIT METHODE

火を焚いて行うグリル、蒸し焼き、燻製料理。そこには数多くのメソッドが存在する。その第1歩は人それぞれだ。手作りの焚き場を作ろうとちょっとした工事から始める人もいれば、気に入った装置や目的に合う燃料を選ぶことから始める人もいる。これらはすべてが価値ある経験であり、唯一無二のグルメ体験につながる道である。

木の幹を使った燻製法（40ページ参照）

木の幹を使った燻製

燻製室や燻製窯がなくとも、熱々の魚の燻製の作り方は至って簡単だ。必要なのは、信頼できる森林管理者や製材所から譲り受けた木の幹のみである。

理想的な調理法：丸ごとの魚、または魚の切り身の燻製

必要なもの

・高さ約1mの木の幹。周縁を5cmの厚みを残してくり抜いたもの
・のこぎり
・木工用ドリル
・鉄棒3〜5本(建造物用の鉄骨など)
・スモークフックまたは紐
・カバーするもの (ケトルグリルの蓋や木の板など)
・スモークチップ

燃料:チャコールブリケット (＊注)、木炭、小さめの薪 (ブナなど)

＊注:豆炭などと同じく、成形木炭と呼ばれるキャンプやレジャー用途の材料。日本でも容易に手に入る。温度調整が比較的しやすく、ダッチオーブンでの調理の際などに使いやすい。

手順:

1. 幹の下端に近い場所に通風孔を開ける (煙突効果を出すため)。または、地面にいくつかレンガを並べ、その上に木の幹を配置する。これにより、新鮮な空気を下から吸い込むことが可能になる。
2. 上端には、食材を吊るす道具をかけるための穴を向かい合うようにして2つ開ける。これを3〜4回行う。
3. 鉄の棒をそれぞれ穴に通す。
4. 大きな蓋または木の板で木の幹に蓋をする。

木の幹を使った燻製のヒント:

1. 燃料を木の幹の中で点火する。大部分が熾火になり、温度が90〜95℃に達するまで燃やし続ける。
2. スモークフックに魚の頭を固定する。
3. 一握りのスモークチップを熾火に投入し、蓋か木の板をかぶせて木の幹に蓋をする。

スモークチップで香りを付ける

木の幹で作った燻製室、木炭での焚火やガスグリル。火を焚く方法は違えども、スモークウッドは肉、魚介類、そして野菜にも強力でスモーキーな風味を与える小道具だ。特に人気なのは、リンゴ、サクランボやヒッコリーといった果樹やナッツ類がなる堅果樹である。また、使い終わったウイスキー樽の木なども、エキサイティングな香りを出すのに役立つ。ウッドチップは、使用前に必ず半時間以上は水に漬けておき、それから熾火や燃料要素の近くに配置する。なお、大きめの塊は水に浸す必要はない。煙が昇り始めたら、グリルや燻製の食材を火の上に配置し、カバーで覆う。その先は、旨みと味わいが浸透し、花開くのを見守ろう。

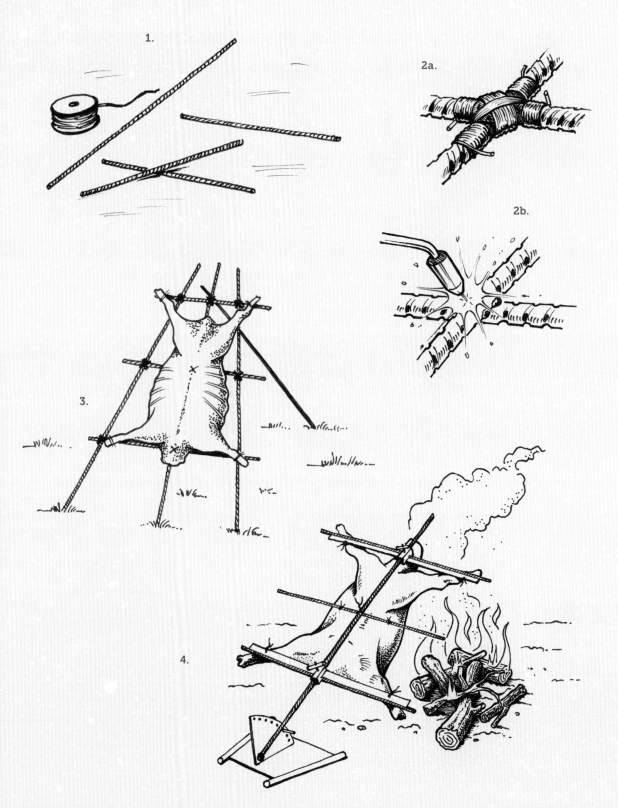

1.

2a.

2b.

3.

4.

アサードクロスでのグリル
―ア・ラ・エスタカ (ステーキ風)

　羊や豚を丸ごと使った**ア・ラ・エスタカ (ステーキ風)** は、グリル中のグリル、まさにグリルの王様ともいえる存在だ。子豚の丸焼きなどには慣れている人にとっても、**ア・ラ・エスタカ**はエキサイティングな冒険である。食材は火や熾火(おきび)に直接当てるのではなく、放射熱でゆっくりと焼き上げる。そうしているうちに、マリネ液やスパイスを使わずとも、絶妙な香味が漂い始めるのが特徴だ。最近では、私たちが住むオーストリアや南ドイツといった地域でも、持ち手が調整可能なステンレス製アサードクロスを購入できるようになった。もし懇意にしている鍛冶屋や溶接工場があるならば、個人でオーダーしても良い。または、ここで紹介する手順を参考に、アサードクロス作りに挑戦してみてはいかがだろうか。

理想的な調理法：羊、子豚、山羊などの丸焼き、牛リブなど大きな肉のグリル

必要なもの：
・構造用鋼材の棒または格子
・しっかりとしたワイヤー

燃料：薪

手順：バリエーション I
1. 棒を使って「A」字型の枠組みを作る。長い棒を使ったり、短い棒を何本か組み合わせて使っても良い。
2. さらに1本の棒を「つっかえ棒」として枠組みの先に固定し、後方に広げてスタンドのようにする。
3. 食材をのせる面を作る。ワイヤーを使って、枠の真ん中に1～2本の棒を垂直方向に、2～4本の棒を水平方向に固定する。

手順：バリエーション II
1. 長さ約2メートルの棒の先を尖らせる (後でアサードクロスを地面に突き刺すため)。
2. 長い棒に対して短い棒2～3本を直角に当てて溶接する。短い棒は平行にならべること。

「ア・ラ・エスタカ」グリルのヒント

1. かまどや、直径60～80cmの火皿 (炭を入れて使う調理用コンロ) で点火し、熾火になるまで燃やす。所要時間は1～1.5時間をみておく。
2. 食材は縦方向に切り開き、ワイヤーを使ってクロス (枠組み) にしっかりと固定し、味付けをする。
3. 骨がある側 (つまり内側) を熾火に向けるようにして、アサードクロスを立てる。炎が燃え上がっても、肉が炎に触れないような距離を確保すること。
4. 食材が乾くのを防ぐために、焼いている間は、モスト (グリル用のブドウジュース)、リンゴジュース、ビールや塩水などを定期的にスプレーする。熱の加減は、アサードクロスを火に近づけたり、火から離したりすることで調節する。
5. 背中部分がアーチのように丸まってきたら、熱が骨を貫通して肉まで届いた証拠だ。焼き上げプロセスのおよそ4分の3が過ぎたあたりで、アサードクロスを食材ごと180度回転させる。これで外側を焼き上げ、美味しそうな焼き色を付けることができる。
6. 肉のランプ部分がパチパチと音を立て始めたら、最初に食べる分を切り取っても良い。焼け具合を確かめるために肉に切り込みを入れたりは、絶対にしないこと！

地面に穴を掘って焼く──クラント

メキシコの**バルバコア**やハワイの**ルアウ**、そしてカリブ諸国の一部のグリルパーティなどは、まずは穴を掘ることから始まる。地中で食材を焼き上げるこの原始的な調理法は、かなりの時間がかかるものだ。しかしそれでも、バナナやアガベ（リュウゼツラン科アガベ属の多肉植物。見かけはアロエに似ている。樹液は甘くシロップなどに利用されるほか、茎もテキーラの原料になる）、その他の野菜の葉や、または粘土に包んで弱火で焼き上げた肉や野菜は、手間をかけた分、より美味しく感じられるものである。

理想的な調理法：豚を丸ごと、またはバラ肉や肩ロースといった大きな肉の塊を野菜と一緒に焼き上げる

必要なもの：
・スコップ
・大きく平らな石、またはレンガ
・調理用糸
・トタン板1枚。穴よりも少し大きいもの
・鋼鉄線または手袋（食材の出し入れに使用）
・葉（バナナ、キャベツ、マンゴルト（和名はフダンソウ。ビーツの一種で、大きな葉を持つ。）、カボチャ、ズッキーニなど）、クッキングシートまたはパーチメント紙

燃料：チャコールスターター（着火剤）で加熱したチャコールブリケット、木炭、薪

手順：
1. 食材の大きさに合わせて穴を掘る。穴は、長さ、深さ、幅がいずれも50cm以上になるようにする。
2. 穴の底面に石またはレンガを敷く。
3. 食材の出し入れを簡単にするために、ワイヤーで食材用の吊り台を作る。ワイヤーの両端には十分な長さをとること。

地面に掘った穴で焼き上げるときのヒント：
1. 穴の中で火をつけて熾火になるまで待つか、熾火を穴に置く。
2. グリルする食材を味付けし、果物や野菜の葉、またはクッキングシートに包み、調理用糸で縛って固定する。
3. 食材を穴の中に下ろす。穴の上に波型の鉄板を置き、土をかぶせて覆う。
4. 部位ごとに切り離してある肉の焼き時間は約4時間。子豚の丸焼きなら8〜12時間かかる。
5. スコップで土を気を付けながら取り除き、ワイヤーで作った吊り台、または手袋を使って食材を取り出す。

イム──地面に掘ったハワイ式かまど

オーストラリア、ニュージーランド、北アフリカに並び、ハワイもかまど料理が盛んな地域だ。オーブンや電気が発明される前、それどころかまだ鍋さえもなかった時代から、太平洋に浮かぶこの島々の住人たちは**イム**と呼ばれるかまどを使って料理をしてきた。地中のかまどで蒸し焼きにする伝統的な調理法である**カルア**は、現在もお祝い事やツーリスト向けのアトラクションとして活躍している。

食材が大きければ大きいほど、かまどは早めに「予熱」しておく必要がある。予熱の作業には、その日の早朝や、または前の晩から取りかかることもまれではない。土で覆われたかまどの中で、熾火は何時間も、ときには何日も温かさを保つ。こうして十分な時間をおいて、煙がたちこめる地中のかまどから再び日の光のもとに運び出された豚、七面鳥、鶏、魚や野菜は、バターのように柔らかく、スモーキーで、かぐわしい香りを放っている。

1.

2.

min 50 cm

min 50 cm

3.

串でじりじりと焼く——シュラスコ

シュラスカリアとは、伝統的な串刺しのグリル料理をテーブルで直接調理・サーブすることで有名なブラジルのレストランだ。回転式の串に刺す具材には、ソーセージや鶏のハツ（心臓）に加え、脂肪のサシが入ったイチボ（ピッカーニャ）やトモサンカク（マミーニャ）も人気である。特別なお祝いの料理には、牛のリブロース（コステラオ）が登場する。優に20kgはある肉の塊を、定期的にひっくり返しながら低温でゆっくりと焼き上げる様子は圧巻だ。庭で眠っているグリルストーブにもう一度生命を吹き込み、串焼きを楽しんでみてはどうだろう。串に刺せる食材なら何でも良い。ぜひ試してみてほしい。

理想的な調理法：様々な種類の肉（牛、豚バラ、リブ、羊、鶏、ソーセージなど）、エビなどの魚介類、そして棒パンなどのサイドメニューを、色々な温度ゾーンをつくって一度にグリルする

必要なもの：
- レンガコンロ／木炭用グリル台／ケトルグリル（蓋つきのチャコールグリル）／焚き火
- 串を固定する装置・用具
- グリル用串または木の棒／剣・刀／干し草用熊手

燃料：木炭、チャコールブリケット、小さめの薪

シュラスコ・スタイルのグリルのヒント：
1. 香辛料で味付けした、またはマリネした食材を串に刺し、熱々の熾火の12〜15cm上にかざすように配置する。
2. 食材にまんべんなく焼き色を付け、好みの焼き加減に仕上げる。途中でマリネ液を刷毛で何度か塗っても良い。
3. 切り分ける前に、食材は串に刺したまま何分間か休ませること。

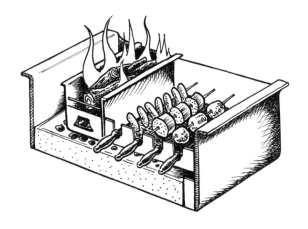

板の上でグリル

グリルにおいて、木は大切な燃料である。しかし、木の役割はそれだけではない。ハンノキ、スギ、リンゴやブナといった硬木の平らな板ならばグリルプレートとしても使えるし、そのままサーブする皿にもなる。食材をのせる板は2時間ほど水にさらし、熾火で直接加熱して消毒しておこう。板の周りには熊手や火かき棒を使って熾火を均等に配分し、放射熱で食材を焼き上げるのが一般的だ。また、ガスや木炭を使ったグリルでは、網の上に板をそのまま置いても良い。

板の上でグリル

焼き網でバリエーション豊かに——パリーシャ

「ア・ラ・パリーシャ」はアルゼンチン全土で見られる調理法だ。ポイヨ・ア・ラ・パリーシャと呼ばれるチキンのグリルは、牛のハラミ（エントラーニャ・ア・ラ・パリーシャ）や小腸（チンチュリーネス・ア・ラ・パリーシャ）、またはピザなどと同じく、焼き網グリルの定番である。

　焼き網を赤くなるまで熱しようとするせっかちな人々には、アサドールからひと言忠告したい。グリルにとって、溶け出した肉の脂肪はとても大事なものだ。この脂肪が、香辛料などと一緒に焼けてしまったら台無しである。
　石やレンガで作った即席の台でも、またはプロ仕様の立派なグリル台でも、焼き網さえあれば大丈夫。グリルパーティの始まりである。

理想的な調理法：様々な温度ゾーンをつくった焼き網の上で、大小の塊肉、ソーセージ、野菜を一気にグリルする

必要なもの：
・木炭用グリル台／ガスグリル／レンガコンロまたは大きな石／不燃性のレンガ
・キャストアイロン（鋳鉄）製の焼き網

燃料：チャコールブリケット、木炭、木

焼き網を使ったグリルのヒント：
1. グリルを始める45分前に点火する。補充用の炭を準備するために、もうひとつ別にかまどを用意する。
2. 石やレンガを使って、かまどの上や端の方に、10〜15cmほど放して焼き網を配置する。焼き網の位置や高さは、グリルに必要な温度に応じて調整する。
3. 焼き網の下に炭を配分する。炭を積んだり、平たく並べたりと工夫して様々な温度ゾーンをつくる。
4. 焼き網に油をひき、食材をのせる。パリッとしたクラストができるよう、食材は詰めずに十分なスペースをおいて並べる。
5. 別に作っておいたかまどから炭を足し、熱を足す。

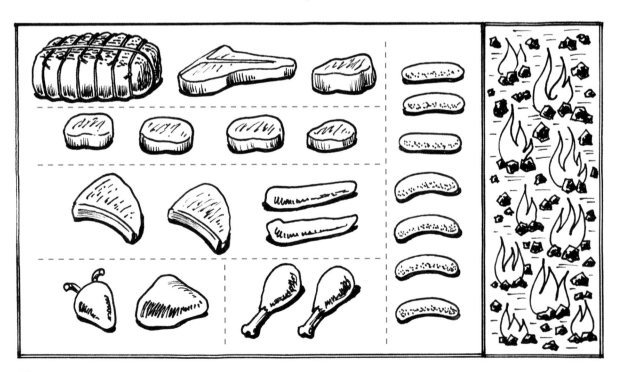

火皿

上:グリル板、下:火皿

グリル板の定番──チャパ

「チャパ」とは、直訳すれば「鉄板」という意味だ。おおよそ、ラクレットのような器具だと考えて良いだろう。パリっとしたクラストやローストの薫りを出すことにかけては、キャストアイロン製プレートの右に出るものはない。快適なグリルテーブル、グリル台や火皿に付属している既製品のグリル板、大型グリルプレート、または使い込まれたキャストアイロン製フライパンが活躍する。フライパンは、サイズが大きければ大きいほど、焼き面も大きくなる。

理想的な調理法：ステーキやチョップを短時間グリル、大きな肉を低温でゆっくりグリル、スクランブルエッグ、目玉焼き、生地（ドウ）ベースのスイーツを焼く

必要なもの：
・グリル板／グリルプレート／キャストアイロン製のプレートまたはフライパン／ダッチオーブンの蓋／コーティングされていないスコップ／燻（いぶ）っている薪
・焼き網付きグリル台／五徳（炉の炭火や熱源の上にプレートやヤカンなどを置くための道具）

燃料：小さい薪、木炭

グリル板で焼くときのヒント：
1. 間接熱で予備加熱したグリル台の焼き網の上で、または熾火の上に置いた五徳で、プレートまたはフライパンを加熱する。
2. 水滴を落として熱さを確認する：水滴がシュッと音を立てて蒸発するならば、準備完了。グリルをスタートできる。
3. 魚や野菜を調理する場合は、グリル板に少量のオイルをひく。オイルが燃え上がるおそれがあるので、注意すること！
4. 真ん中は高温で、端に近づくにつれて低温で焼けるよう、グリル板をゾーン別に活用する。
5. 食材は定期的にひっくり返す。

キャストアイロン（鋳鉄）──グリルの強い味方

　熱伝導性に優れたキャストアイロンは、素早く加熱できるうえ、全面を均等に熱することができる。
　洗浄する場合は、キャストアイロンを必ずゆっくり冷ましてからにすること。熱いまま冷水にさらしてはいけない。激しい温度差が生じると、割れてしまうおそれがある。
　キャストアイロンの手入れは、キッチンペーパーで汚れを拭き取るのみにとどめるか、洗剤を使わずにぬるま湯で洗い流し、少々の料理用油をすり込む程度にしよう。こうすることで、時とともに油や残留物が変質し、自然なパティナ（防食性の高いさび層）が生まれる。このように、使えば使うほど質が上がるのがキャストアイロン器具なのである。

　上：ダッチオーブン、下：オープンファイア

ダッチオーブンでジューシーに 仕上げる ──カルデロ

かつて、アメリカ大陸の開拓者に、キャストアイロンでできた鍋を売って歩いた行商人たちがいた。彼らの多くはオランダ人、またはドイツ人だったという。しかし、これが「ダッチオーブン」という名の本当の由来かどうかは、未だ謎のままである。ただ確実に言えるのは、腹ぺこの客人たちをもてなすのに、ダッチオーブンほど適した器具はないということだ。高くせりあがった縁と蓋のおかげで、厚壁のケトルは上からも下からも同じように加熱される。また、熱を長時間保持できるため、蒸気で温められた食材が特別ジューシーに仕上がるのが特徴である。

理想的な調理法：シチューなどの鍋料理、肉部位の煮込み、スパイシー／甘味のキャセロール、パンや洋菓子のベーキング

必要なもの：
・ダッチオーブン／キャストアイロン製キャセロール
・（オプションで）焼き網またはプレート／火皿

燃料：チャコールブリケット、木炭、木

ダッチオーブンでの調理のヒント：
1. チャコールブリケット（火起こし室で事前に熾火にしたもの）、炭、または熱い灰の上でダッチオーブンを加熱する。
2. 熱の加減は、鍋や熱源の間の距離を縮めたり離したりして調整する。
3. オーブンのように全方向から熱を当てるには、チャコールブリケットや熾火になった炭を鍋の下と蓋の上に置く。蒸し焼きにするには、チャコールブリケットを半分ずつ上と下に配置する。ローストやベーキングには、3分の2を上に、3分の1を下に配分することが推奨される。

何段も重ねてグリルパーティ──オープンファイア

庭でのグリルパーティ。「グリルは料理ではない」という偏見を払拭するには、モジュール式の持ち運び可能なグリルステーション、「オープンファイア」がぴったりだろう。メインの炉（ピット）に多種多様な付属品を合わせたこのステーションでは、グリル格子の上で食材を焼くだけではなく、様々な調理法を何層にも重ねて同時進行できるメリットもある。燻製にしたり、鍋で炒めたり、揚げることもできれば、石製プレートではベーキングやローストも可能。さらに、ダッチオーブンでは煮物、蒸し焼き、天火焼きもできる。最高のパーティを、アウトドアクッキングで実現しよう。

理想的な調理法：様々な焼き調理の方法を組み合わせる、グループで一緒に調理、大人数をもてなすメニュー

燃料：チャコールブリケット、木炭、木

オープンファイア装置での調理のヒント：
1. サポート脚を使って、装置をしっかり安定させる。
2. 各モジュールを、必要な温度に応じて炉の上や横などに配置する。炉からの距離も同じく調整する。
3. コースメニューの調理には、中華鍋を2つめの炉として使用し、完璧な熾火を常備できるようにする。
4. 出来上がった料理は、炉の下のヒートシールドに置いて保温する。

灰をかけて野菜をグリル！──レスコルド

　鼻先から尻尾まで、すべてを活用するのがハンターの原則だ。同じくグリルの世界でも、炎から灰までのすべてに意味を持たせ、あらゆる部分を使い尽くすことが重んじられる。灰は火を使った後の残り物だが、熱い灰や熾火を敷いてそこに野菜を置けば、優しい熱が野菜を均等に柔らかく焼き上げてくれる、理想の炉端にもなる。

理想的な調理法：ジャガイモ、カボチャ、ニンジン、パプリカ、玉ネギやトウモロコシの丸焼き

必要なもの：
・灰ならし用スコップ

燃料：チャコールブリケット、木炭、木

灰の中で焼き上げるときのヒント：
1.　火を燃やして熾火を灰化させる。もしくは、残りの灰を利用する。
2.　熾火と熱い灰のみを使うこと。大きな炭の塊は取り除く。
3.　熾火と灰を敷き詰めたところに野菜を皮ごと置く。野菜を灰でしっかりと覆う。
4.　灰の中で、野菜を大きさに応じて30 〜 60分間焼き上げる。味付けは焼き上がってから行う。

アサドールの
チェックリスト

CHECKLISTE FÜR ASADORES

✓ 肉500g（1人分）

✓ 塩

✓ 香辛料、マリネ液、ソース

✓ スコップ

✓ 薪割り斧

✓ レーキ。炭や熾火の移動に使う

✓ 火かき棒や柄の長い火箸などの暖炉用具。燃えている
木片を動かしたり、小さく崩すのに使う。また、熾火を配
分するのにも使う

✓ スコップと土または砂（消火剤として）、または消火器

✓ 大型のカービングボードと、サイズの異なるまな板数枚

✓ キャストアイロン製フライパンおよびキャセロール
（ダッチオーブン）

✓ 肉用温度計（勘が身につくまでの補助として）

✓ ナイフ

✓ グリル用トング

✓ フライ返しまたはグリル用へら

✓ 耐火性の作業用手袋

✓ 水スプレー（燃え上がった炎を抑えるため）

✓ 救急セット

✓ ゴミ袋

グリルを清潔に保つには
Saubere Sache

玉ネギのトリック

グリルを終えるたびに用具一式を洗うなどという面倒なことは、アサドールはしないものである。しかしながら、次回のアサードのためには、焼き網に付いた脂肪や肉の残りを取り除かなければならない。そこで登場するのが玉ネギだ。玉ネギが1個あれば、本来手間のかかるこの作業を、ほとんど労力をかけることもなくクリアできる。玉ネギは、残留物を取り除くのに役立つのみならず、その液には消毒作用もあることがわかっている。また、玉ネギが入ったハーブオイルに短時間浸せば、食材に良い香りを付けることができるだけではなく、食材が焼き網にくっつくのを防ぐ効果もある。

手順：

1. 皮を剥いていない玉ネギをナイフで半分に切る。切断面を下にして、ニンニク、ローズマリーやタイム、オレガノまたはパセリといったハーブとともにボウルに入れる。

2. 高温になっても発煙、泡立ち、風味の低下などが起こりにくい熱安定性のオイルを注ぎ込む。

3. 半分に切った玉ネギに柄の長いグリルフォークまたはカービングフォークを刺し、動かしてオイルと馴染ませる。

4. 玉ネギの切断面を熱い焼き網に何度も力を入れてこすり付ける。残留物がなくなるまで続ける。きれいになった焼き網に食材をのせる

玉ネギの裏技

鶏

GEFLÜGEL

alles was fliegt
羽根のあるもの

ENTE, HUHN, STUBENKÜKEN

カモ、鶏、若鶏

若鶏のチミチュリがけ

Stubenküken
mit Chimichurri

4人分

材料

若鶏：

若鶏　4羽
オリーブオイル（すり込み用）
塩
胡椒

チミチュリ（＊）：

粗挽きの海塩　小さじ1
ニンニクの細かいさいの目切り　1片分
パセリのみじん切り　大さじ1
オレガノのみじん切り　大さじ1
種を取ったチリのみじん切り　1つ分
白バルサミコ酢　大さじ2
オリーブオイル　40ml

＊チミチュリ＝アルゼンチン発祥
の万能バーベキューソース

チミチュリをつくる。冷水100mlに海塩を混ぜて沸騰させ、冷ます。ニンニク、パセリ、オレガノ、チリを合わせてお椀に入れる。酢を混ぜながら加える。オイルと塩水を入れて混ぜる。蓋が閉められる容器に入れ、冷蔵庫の中で12〜24時間寝かせる。（チミチュリは冷蔵庫内で2週間保存可能）。

若鶏の内側と外側を冷たい水で洗い流し、ペーパータオルなどで軽く叩いて水分を取る。鶏肉を胸を下にして置き、鶏肉用ハサミで背骨の左右1センチの場所に背骨に沿って切り込みを入れ、背骨を取り除く。胸側を上にして置き、手のひらで胸骨をぎゅっと押して平らにする。若鶏の外側・内側の両方に少々のオリーブオイルをすり込み、塩と胡椒で味付けする。

焼き網を炉の端のあたりに配置する。温度は190〜200℃を超えないようにすること。若鶏を皮側を下にして焼き網にのせ、約10〜12分間、皮がパリパリになるまで焼き上げる。若鶏をひっくり返し、骨側を12〜14分間さらに焼く。肉の中心部の温度が76〜80℃になったら完了。若鶏にチミチュリを添えてサーブする。

ヒント

チミチュリは鶏ムネ肉、ウズラ、グリルしたリブアイステーキやTボーンステーキにも合う。

ガスグリルまたは木炭用グリル
または野外の炉端

若鶏のチミチュリがけ

詰め物入り鶏モモ肉

詰め物入り鶏モモ肉

Gefüllte
Hühner-Oberschenkel

5人分

材料

鶏モモ肉　10個
オリーブオイル（すり込み用）
鶏肉用シーズニングソルト（215ページ参照）

詰め物：
エシャロットの細かいみじん切り　2本分
バター　大さじ1
焼き立てではない、固くなりかけたブレート
ヒェン（＊）　2個
パプリカ（赤）　1個
パセリのみじん切り　大さじ1
卵　1個
牛乳　100ml
塩
胡椒

＊ブレートヒェン：小麦またはライ麦で作った握りこぶし大のパン

木炭用グリル
またはガスグリル

詰め物をつくる。エシャロットを細かいみじん切りにし、バターを使って弱火で炒め、汗をかかせてから冷ます。ブレートヒェンを1cmのさいの目切りにするか、極薄切りにする。パプリカの種を取り除き、小さなさいの目切りにする。詰め物の材料をすべて優しく混ぜ、15分間置いて馴染ませる。

鶏モモ肉を洗い、ペーパータオルなどで軽く叩いて水分を取る。詰め物を慎重に皮の下に入れる。モモ肉に少量のオリーブオイルを塗り、シーズニングソルトをすり込む。180℃で30～35分間、間接火で表面をパリパリに焼き上げる。

カモの胸肉と
カラフルな温製コールスロー

Entenbrust mit buntem warmem Coleslaw

4人分

材料

カモ胸肉：
カモ胸ヒレ肉　2切れ（1切れ350g）
塩

コールスロー：
赤キャベツ　200g
白キャベツ　200g
霜降りベーコン　40g
細かく切った玉ネギ　40g
キャラウェイシード　小さじ½
ホワイトワインビネガー（5%）　50ml
塩

赤キャベツ、白キャベツともに芯を取り除き、千切りにする。ベーコンを小さなさいの目切りにし、予熱したダッチオーブンで黄金色になるまでローストする。カリカリに焼けたベーコンのさいの目切りを、ダッチオーブンから取り除く。細切りの玉ネギとキャラウェイシードをオーブン内に残った脂肪に混ぜ、軽くローストする。酢を加えて熱を消し、かき混ぜる。塩をふったキャベツをこの中で柔らかく蒸す。サーブする前に、温いベーコンのさいの目切りをパラパラとまく。

カモ胸肉の皮側に切り込みを入れ、塩で味付けする。焼き網にのせ、約220℃で両面を直火でグリルし焼き色を付ける。皮側を下にしてカモ胸肉をバットに入れ、炉端の端に置いて弱めの火（140℃）で焼き上げる（約5〜8分、肉中心部の温度は約54〜56℃）。盛り付ける前に、皮側をパリパリに焼き上げる。この際、肉の中心部の温度はさらに数度上がる。

ダッチオーブン

カモ胸肉とカラフルな温製コールスロー

鶏のハチミツと麦芽ビールのマリネ

鶏のハチミツと
麦芽ビールのマリネ
Stubenküken mit Chimichurri

4人分

材料

ニンニク　2片
マスタード　大さじ2
ヴァルトホーニッヒ（＊）　大さじ2
麦芽ビール　大さじ4
オリーブオイル　大さじ4
ローズマリーの小枝　1本
小ぶりな鶏　2羽（1羽が約700〜800g）
塩、胡椒

＊ヴァルトホーニッヒ：通称「森のハチミツ」。花の蜜ではなく、広葉樹・針葉樹の樹液を吸った虫が排泄した糖分をミツバチが集めたもの。ミネラルや酵素を多く含む。

　マリネ液をつくる。ニンニクを細かく刻み、マスタード、ヴァルトホーニッヒ、麦芽ビール、オリーブオイル、そして細かく刻んだローズマリーの葉をボウルに入れ、よく混ぜる。
　鶏の背骨を切って取り除いたら身を開き、押して平らにする。焼き網にのせ、中火（200℃）で両面とも直火で焼く。両面とも黄金色になったら焼き上がりである。刷毛で肉の全面にまんべんなくマリネ液を塗り付け、塩と胡椒で味付けをする。その上で、弱火（160℃）にかけ、肉の中心部の温度が78℃になるまで焼く（焼き時間の合計は約45〜50分間）。マリネ液は、刷毛で何度か重ね塗りして使い切る。

ガスグリルまたは木炭用グリル

プルド・チキン・バーガー
Pulled Chicken Burger

4人分

材料

鶏　1羽
オリーブオイル　10ml
鶏肉用シーズニングソルト（215ページ参照）
70g
お好みの野生のハーブ　1つかみ
お好みのバーベキューソース
紫玉ネギ　2個
レタスの葉　8枚
ガーデンクレス（＊）　2カップ
ハンバーガーバンズ　8個

＊ガーデンクレス：和名はコショウソウ（胡椒草）。その名のとおり、胡椒のような辛みのある野菜。ガーデンクレスが手に入らない場合は、クレソンで代用可能。

　鶏を洗い、ペーパータオルで軽く叩いて水分を取る。オリーブオイルをすり込む。内側・外側ともに均等に味付けする。ハーブを鶏の腹の中に詰める。半分まで詰め終わったら、パラフィン紙（クッキングシートやワックスペーパーなど）で包んだビールの空き缶（半分ほど中味が残っているもの）、またはチキン用のグリルホルダーを台として鶏をセットし、180℃で炉の中央で間接的にグリルする。中心部の温度が80〜82℃になるまで焼き上げる。焼き始めたらすぐに、サクラの木のチップを一握り分、熾火に投げ込む。30分後に、もう一握り分を再び投げ込む。
　鶏の皮を取り除き、小さく刻む。肉を台から外し、いくつかにちぎる。少量のバーベキューソースと混ぜ合わせ、保温する。玉ネギ半分をみじん切りにし、皮と一緒にキャストアイロン製フライパンで炒める。このとき、オイルは足さないこと。肉と混ぜ合わせる。バンズの内側を軽くローストする。
　バンズの片方にレタスの葉をのせ、その上に肉、残りの玉ネギ、トマト、ガーデンクレスをのせ、最後にもう片方のバンズで蓋をする。

ケトルグリル（蓋つきのチャコールグリル）
写真付き解説は次ページ

グリルする

グリル台には、ベーキングペーパーで包んだビール缶(半分ほど中味が入っているもの)や、チキン用グリルホルダーが便利。

切り分ける

焼き上がった鶏を切り分けるには、木製のまな板が最適である。

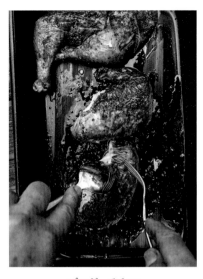

プルド・チキン

フォークとスプーンを使うと、骨から肉をうまく引きはがすことができる。

バンズ

バンズの内側は、グリル台でサクサクにローストする。

具材の構成

しゃきっとしたレタスの葉は一番下に、ガーデンクレスはトッピングに。完璧なバーガーの出来上がりだ。

仕上げ

ひとつずつ具材をのせ、バーガーをつくっていく。最後に上から楊枝を刺すとより安定する(右写真)。

プルド・チキン・バーガー

鶏の耐火レンガ焼き

Ziegelstein-Huhn

2〜6人分
（鶏のサイズによる）

材料

粗挽き海塩　大さじ1
ブラウンシュガー　小さじ1
細かく刻んだローズマリー　小さじ1
レモンの表皮のすりおろし　1個分
細かくつぶした胡椒　ごく少量
（ナイフの刃先ほど）
バターの小さな塊　数個
プーラルド（＊）　1羽（約2.5kg）、または普通
サイズの鶏
ローズマリーの小枝　数本

＊プーラルド：卵巣を除去して特別に
太らせた雌鶏。肥鶏とも呼ばれる。

レモンを含むすべての調味料をすり鉢で念入りにつぶし、鶏にすり込む。バターを胸の皮の下に入れ、鶏をホイルにしっかり包んでマリネする。

ケトルグリルを200℃の間接火で予熱する。中央にレンガを横長（長い辺を下）になるように置き、約20分間加熱する。

鶏をホイルから取出し、背中の方から骨から外していく。熱くなっているレンガの上に、新鮮なローズマリーの枝を置き、さらにその上に鶏を置く。両脇がレンガの側面を覆うように配置する。蓋を閉めて145℃で約1時間、表面がパリっとするまで間接的にグリルする。

ヒント

焼けた石が鶏肉に与える熱と、ケトルグリルの熱。この2種類の熱を組み合わせることにより、鶏肉のジューシーさを保ちながら、外側はパリっと仕上げることが可能となる。

ケトルグリル

鶏の耐火レンガ焼き

詰め物入り鶏のソルト・ドウ (塩生地) 包み

詰め物入り鶏の
ソルト・ドウ（塩生地）包み
Gefülltes Huhn im Salzteig

4人分

材料

ソルト・ドウ（塩生地）：
塩　500g
小麦粉　1kg

鶏：
鶏　1羽（約1.4kg）
塩
胡椒
玉ネギ（中）　1個
ニンニク　1玉
野生のハーブまたはマジョラム、タイムまたは
パセリ　1つかみ

詰め物：
耳をとった食パン　140g
シャンピニオン　60g
卵　1個
牛乳　約60ml
パセリ　30g
ナツメグ
塩
胡椒

塩と小麦粉に水を加え、手にくっつかない程度の生地になるまで混ぜる。

鶏を洗い、ペーパータオルなどで軽く叩いて水分を取る。内側を塩と胡椒で味付けする。食パンを小さく切り、詰め物のための残りの材料と一緒に、1つの塊になるまで混ぜる。固くなりすぎないように注意。胸とすねの部分の皮を手で丁寧に肉からはがす。詰め物を皮の下に入れる。

玉ネギとニンニクを半分に切る（ニンニクは各片を半分に切る）、ハーブと一緒に鶏の腹に詰める。ソルト・ドウを厚さ約1cmに伸ばす。その上に鶏を置き、ドウで包む。ふちをしっかりと閉じること。ドウは、完全に鳥を包んだ密閉状態になっているように注意する。密閉状態にすることで、鶏自体の汁で鳥を蒸し煮にできる。

サイズに応じ、ドウで包んだ鶏を熾火の中で約2～3時間焼く。切り開く前に、10分間休ませる。切り開くときには、噴出する蒸気で火傷しないよう注意する。

ヒント
鶏は焼き網の上で焼いても良い。

炉端
写真付き解説は次のページ

∨

包む

詰め物をした鶏は、広げたドウ（生地）の片側に置くと包みやすい。

閉じる

ドウのふちは押してしっかり閉じ、熾火の
中で開いたりしないようにする。

ブラシで落とす

鶏が焼き上がったら、灰や炭の残りを丁寧
にドウから払い落とす。

切り開く

ドウを開くときに噴き出てくる高温の蒸気
に注意すること。

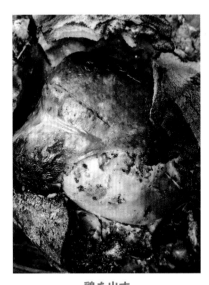

鶏を出す

ドウを割り開いて取り去ったら、焼き上
がった鶏を切り分ける。

豚

SCHWEIN

Fette Beute
脂身たっぷりの美味じい獲物

BAUCH, STEAK, KOTELETTE, SPARERIBS UND BLUTWURST

バラ肉、ステーキ、チョップ、
スペアリブ、ブラッドソーセージ

クリスピーな豚バラ肉の回転串焼き

クリスピーな豚バラ肉の
回転串焼き

Knuspriger Schweinebauch am Drehspieß

約8人分
（サイズによる）

材料

玉ネギ　2個
ブラートヴルスト（＊）　8本
パセリ　100g
豚バラ肉　約1.5kg
粗塩（海塩）
胡椒
ディジョンマスタード　大さじ2
薄切りベーコン　30枚

＊ブラートヴルスト：焼いて調理する
肉ソーセージ。ニュルンベルガー・ブ
ラートヴルストやチューリンガー・ブ
ラートヴルストなどが有名である。

玉ネギを細かく切る。ブラートヴルストの皮を剥き、さいの目切りにする。パセリを刻む。玉ネギを炒めたらラートヴルストを加え、玉ネギと一緒にさっと炒める。パセリを混ぜ、フォークで全体をつぶしたら脇に寄せておく。

串を豚バラ肉の皮に刺し、小さな穴をいくつも開ける。そのうえで、よく切れるナイフで切り開く（バタフライカット）。塩、胡椒とディジョンマスタードをしっかりすり込み、薄切りベーコンを敷いて薄い層をつくる。ベーコンの上にブラートヴルストの詰め物を配分し、押し固める。豚バラ肉を肉の側から薄く固く巻く。巻くときは、皮が外側に来るようにする。海塩を細かく挽き、多めにとって皮にしっかりすり込む。豚バラ肉を調理用糸または木の串で留める。それをラップで固く包み、冷蔵庫で2時間以上寝かせて馴染ませる（ここまでの手順を前日までに行っておくのが理想的）。

豚バラ肉を回転串に刺し、ゆっくり回転させながら約140～150℃で2時間半ほどグリルする。皮が盛り上がってくるので、最後の30分間は両脇に熾火になった木炭を加え、皮を220℃でパリパリにグリルして仕上げる。

ケトルグリル、回転串
写真付き解説は次のページ

切り開く

豚バラ肉はバタフライカットに切り開き、面積を大きくする。

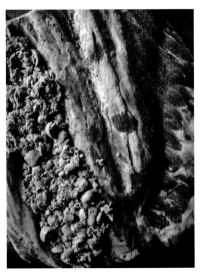

詰め物をする

マスタードの上に薄切りベーコンを敷き、ブラートヴルストの詰め物をのせる。

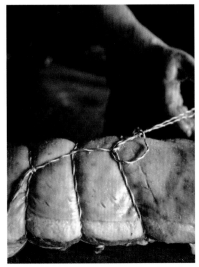

糸で縛る

糸を通す間隔は、ちょうど1人分の肉の間隔と同じになるようにする。

結び目を作る

材料がしっかりまとまるよう、糸は最後に固く結び目を作って閉じる。

グリルする

下拵えを済ませた肉の塊を、回転串に刺してグリルする。

切り分ける

糸を縛ったときにできた溝に沿って切り開く。これで、1切れが自動的に1人分になる。

豚バラ肉のレア

Schweinebauch
von der Flamme geküsst

4〜6人分

材料

カレー粉（甘口）またはターメリック　小さじ1
ハチミツ　大さじ2
醤油　大さじ3
ニンニクみじん切り　1片分
おろしたてショウガ　大さじ2
豚バラ肉　1kg
粗塩（海塩）
サラダ菜　2個
オリーブオイル（ふりかける分）
黒パン　4切れ

カレー粉、ハチミツ、醤油、ニンニクとショウガをすべてボウルに入れ、よく混ぜてマリネ液をつくる。豚バラ肉を3 x 3cmの正方形に切る。肉をマリネ液のボウルに入れ、冷蔵庫の中で一晩マリネする。

炭火で燻らせた平らな木の板（＊）を火の中に置く。豚バラ肉に塩をふり、木の板の上ですべての面をパリっと焼くことで、マイルドでスモーキーな香りが付く（いわゆる「プランクグリル」。炭火で板の片面を焼き、板が燻り始めたらひっくり返し、食材を置いて焼くという手順がある）。

サラダ菜の真ん中を切って二つに割り、オリーブオイルをふりかけ、パンと一緒にグリル板の上で強火でさっと焼き色を付ける。サラダ菜に塩をふり、温かいパンと一緒にサーブする。

＊木の板：日本では水に浸したスギ板などがポピュラー。

炉端、グリル板、木の板

豚バラ肉のレア

豚チョップとサツマイモ

Kotelett mit Süßkartoffeln

4人分

材料

サツマイモ　4個
豚チョップ　4個
塩
タイム（下に敷く分）
エスプレッソBBQソース（129ページ参照）

　サツマイモをそのまま熾火に入れ、45分間ほど焼く。皮が黒こげになり、木串を刺してすっと通るようになったら焼き上がったしるしだ。
　豚チョップに塩をふり、グリル板に敷いたタイムの上にのせ、強力な火力で焼く。
　ジャガイモを熾火から取り出して冷ます。縦に切り目を入れて、チョップとエスプレッソBBQソースと一緒にサーブする。

炉端、グリル板

ブラッドソーセージ・レシュティ ザワークラウトのディップ添え

Blutwurst-Rösti mit Sauerkrautdip

4人分

材料

レシュティ：
豚の脇腹肉のベーコン　4枚
玉ネギ（大）　1個
ニンニク　4片
ジャガイモ（大）　3個
ベースのスパイス（215ページ参照）
キャラウェイシード　少々
マジョラム　少々

ガーニッシュ：
ブラッドソーセージ薄切り
お好みのハードチーズをおろしたもの

ザワークラウトディップ：
ザワークラウト（＊1）　100g
リンゴ　½個
ベーススパイス
ジュニパー　少々
おろしたてのホースラディッシュ　大さじ1
サワークリーム　250g
クワルク（＊2）　大さじ2
チャイブの輪切り　大さじ2
紫玉ネギのさいの目切り　大さじ2
ハチミツ　大さじ1

＊1. ザワークラウト：キャベツを塩でもみ、乳酸発酵させた保存食。

＊2. クワルク：酸味のあるフレッシュチーズの一種。牛や山羊の生乳を乳酸発酵させ、温めてから凝固させる製法をとっている。

ディップをつくる。ザワークラウトを細かく切る。リンゴをさいの目に切る。ベースのスパイスをジュニパーと一緒にすり鉢でつぶす。ディップの材料をすべて混ぜ入れ、30分間馴染ませる。

　豚の脇腹肉のベーコンと玉ネギを細長く切る。ニンニクを細かく刻む。ジャガイモの皮をむき、切れ味の良いスライサーで細長く切る。レシュティの残りの材料を素早く入れて混ぜる。混ぜたら、しっかり予熱したキャストアイロン製のグリル用フライパンで、強火で直にグリルし、ひっくり返す。ブラッドソーセージを薄く切ったものとチーズをのせる。下の面がカリカリになる間、チーズが溶け、ブラッドソーセージが温まっていく。ブラッドソーセージ・レシュティのグリル時間は約15分である。

ヒント

　ジャガイモを切ってレシュティの材料を混ぜ合わせたら、すぐにグリルすること。さもないとジャガイモの塩分が水を吸い、キャストアイロン製フライパンにレシュティがはりついてしまうおそれがある。

キャストアイロン製フライパン
レシピ写真は次ページ

⌄

ブラッドソーセージ・レシュティ　ザワークラウトのディップ添え

豚のトマホークステーキ
ペッパーチョコレートがけ

Tomahawksteak
vom Schwein
in Pfefferschokolade

4人分

材料

豚のトマホークステーキ　2枚
（ふちに脂肪の層がきれいについているもの。
ドライエイジング肉が理想的）
ベースのスパイス
（215ページ参照）　大さじ1
ペッパーチョコレート　大さじ4（下記参照）
お好みのハーブ（下に敷くもの）
温めたハチミツ　大さじ2

ペッパーチョコレート：
胡椒（ホール）　40g
コリアンダーシード　10g
粗挽きのビターチョコレート　20g
カカオパウダー　2g
粗塩（天然塩）

胡椒（ホール）とコリアンダーシードを軽くローストし、すり鉢で粗めにすりつぶす。冷ましてから、ペッパーチョコレートの他の材料を混ぜる。

ステーキにベースのスパイスをすり込み、15分間馴染ませる。

両面を高温（270〜290℃）で短時間焼き付ける。キャストアイロン製のグリルプレートが一番良い。これにより、香り高いローストの風味が出る。リンゴの木やまたは他の木の板に十分な量のハーブを敷き、その上に肉をのせる。上面にハチミツを塗る。ペッパーチョコレートをまんべんなくまぶし、軽く押さえる。130℃で間接的にグリルする。中心部の温度が55℃になったら焼き上がり。少し寝かせてから切り分ける（寝かせた後の温度は58℃が理想）。

ヒント

ペッパーチョコレートには、リンゴの木がとてもよく合う。リンゴの木を熾火（おきび）に加えてみよう。

木炭用グリル、グリル板、木の板

豚のトマホークステーキ　ペッパーチョコレートがけ

スペアリブとオスマン風
コールスロー
Spareribs mit
osmanischem Coleslaw

4人分

材料

サイドスペアリブ (セントルイス・カット)
4個
お好みのラブ (＊1)
リンゴジュース (スプレー用、蒸し用)
お好みのBBQソース

コールスロー：
白キャベツ　400g
海塩　7g
ブラッククミン　2g
スマック (＊2)　5g
チリフレーク (お好みで)
レモン汁　40mℓ
アカシアハチミツ　10g
ザクロ　1個
パセリのみじん切り　10g
オリーブオイル　60 ml

＊1. ラブ ：食材にすり込むシーズニ
ングミックス。塩、胡椒、パプリカ、マス
タードシード、クミン、砂糖など、好みの
香辛料を混ぜてつくる。

＊2. スマック：ウルシ科の植物。果実
を乾燥させたものを香辛料として使
う。酸味があり、トルコ料理や中近東
料理でよく使われる。

リブのシルバースキン (薄皮) を取り除く。リブにラブをすり込み、ラップで固く包む。冷蔵庫で一晩マリネする。

サクラの木のスモークチップを加えながら、110℃で3時間燻し、ゆっくりと間接的に火を通す。煙が広範囲にリブにしみ込むよう、リブは縦方向に置く (リッドホルダーなどを使う)。リブが乾ききらないよう、15分ごとにリンゴジュースをスプレーする。

グリル台からリブを取り外す。リンゴジュースを加え、クッキングシートで包む (シートの底にリンゴジュースが3 ～ 4mmほど溜まるくらいにする)。空気が入らないよう、アルミホイルでしっかりと包んで密閉する。こうすることでスチームクッカーのような効果が生じ、リブが柔らかく仕上がる。蓋を閉じたグリルの中で、110℃で2時間蒸す。

リブを取り出し、骨の側を下にして焼き網にのせる。お好みのBBQソースを塗り付け、満遍なくグレーズの層をつくる。閉じたグリルの中で1時間焼く。焼いている間も、BBQソースをさらに2 ～ 3回塗り付ける。温度が150℃を超えないよう注意すること。

リブに火を通している間に、白キャベツを千切りにするか、またはスライサーにかける。海塩、ブラッククミン、スマック、チリフレーク、レモン汁、ハチミツで味付けをし、よく混ぜ合わせてから10分以上馴染ませる。ザクロを半分に切り、スプーンを使って勢いよく外皮を叩いてザクロの実を外す。ザクロの実、パセリ、オリーブオイルを白キャベツに加え、すべて合わせてしっかりとかき混ぜる。

ケトルグリル、グリル板

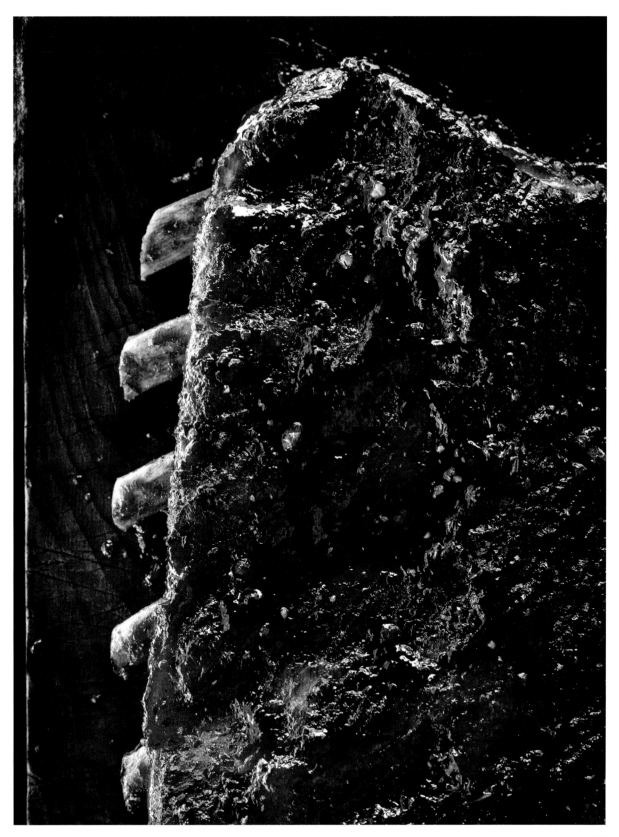

スペアリブとオスマン風コールスロー

フラーデンブロートと豚のマルサラ串焼き

フラーデンブロートと
豚のマルサラ串焼き

Fladenbrot mit
Schweine-Marsala-Spießchen

4人分

材料

串焼き：

チリ（小）　½本
マルサラ酒（＊）　150ml
ブラウンシュガー　大さじ2
豚肩ロース　600g
オリーブオイル　50ml
粗塩（海塩）

フラーデンブロート：

湯　200ml
温めた牛乳　大さじ3
砂糖　大さじ2½
ドライイースト　小さじ2、または生イースト
1キューブ
強力粉（タイプ550）425g
小麦粉（作業用）
塩　小さじ½
柔らかい状態のバター　80g
卵（Mサイズ）　2個
油（ピザストーン用）

＊マルサラ酒：イタリアのシチリア島で生産される、ワインにアルコールを加えて作る酒精強化ワイン。シェリー酒やポートワインなどで代用することも可能。

チリを細かく刻む。マルサラ酒にブラウンシュガーとチリを混ぜる。肉を一辺が2cmのさいの目切りにし、オリーブオイルをすり込む。マルサラ酒のマリネ液に漬け、30分以上馴染ませる。

その間に、湯、温めた牛乳、砂糖、イーストをボウルに入れて混ぜる。15分ほど寝かせる。小麦粉と塩を混ぜる。バターと卵を加えてこねる。木製スプーンを使って、イーストの混ぜものをここに混ぜ入れる。生地に絹のような光沢が出て、べとつかずにまとまってくるまで約10分間こねる。生地を2分割してそれぞれ丸める。クッキングシートに少し小麦粉をふり、その上に生地を置いて暖かい場所で30分間ほど発酵させる。

加熱したピザストーンにオイルを軽く塗る。ピザストーンの上に生地を置き、クッキングシートをかぶせ、丸めた生地を押してピザストーンの上で平らに伸ばす（厚さ2.5～3.5cm）。グリル内でピザストーンを熱源の隣に配置し、蓋を閉めて約180～200℃ですべての面を8分間ほど間接的にグリルする。

肉のさいの目切りをマリネ液から取り出し、粗い海塩で軽く味付けする。串に肉をぎっちり詰めて刺し、200℃で14分間ほど間接的にグリルする。

ヒント

付け合わせにはコールスロー（66、92、156ページ参照）やヨーグルトソース（215ページ参照）が合う。残りのマリネ液は煮詰め、刷毛でときどき串焼きに塗り付ける。

ケトルグリル、ピザストーン

スペアリブとオスマン風コールスロー

牛
RIND

Höhepunkt
王道アサード

VOM KALB BIS
ZUR ALTEN KUH
仔牛から雌牛まで

クリスピー・カルパッチョ

Knuspriges Carpaccio

2人分

材料

牛ヒレステーキ（厚さ2cm） 2枚
ベースのスパイス（215ページ参照）
白パン粉 大さじ2
オリーブオイル（焼き目を付ける分）
オリーブオイル 大さじ4
バルサミコ酢 大さじ2
直前にすりおろしたパルメザンチーズ（ふりかける分）
バジリコの葉（茎からちぎっておいたもの）
15枚

ステーキの片面に、5mm間隔で縦横に切り込みを入れる（辺長さが5mmの格子模様になる）。ベースのスパイスをふりかけ、5分間馴染ませる。この面にパン粉を付け、少量のオリーブオイルで短時間、強火で焼き色を付ける。パン粉がカリっとしたら火からおろす。ステーキを素早く切り分け、ベースのスパイスを軽くふりかける。

オリーブオイルとバルサミコ酢を混ぜ合わせ、ステーキの上にかける。バジリコの葉とパルメザンチーズをその上に散らす。必要に応じてベースのスパイスでさらに軽く味付けをしたら完成である。

ヒント

主食にはフォカッチャがぴったりである（182ページ参照）。

木炭用グリルまたはガスグリル

クリスピー・カルパッチョ

ソルトクラスト・ポーターハウスステーキ

ソルトクラスト・
ポーターハウスステーキ

Porterhousesteak
in Salzkruste

4人分

材料

ポーターハウスステーキ（＊）（40 〜 60日熟
成したもの）　1.8 〜 2kg
ジャガイモの薄切り（下に敷く分）
オレンジの表皮のすりおろし　1個分
ハチミツ　大さじ2
ディジョンマスタード　大さじ1
胡椒
新鮮なローズマリー、タイム、タラゴン、バジリ
コ、セージ　各100g

ソルトクラストの生地：
卵白　4個分
粗塩（海塩）　2kg

＊ポーターハウス：ステーキやグリルに適し
た部位とされる「ショートロイン（食用牛
の腰部分）」の中でも最上級にランクされる
部位の骨つき肉。

ステーキを焼き網にのせ、270 〜 300℃の直火で焼く。このとき、ジャガイモの薄切りを肉の下に敷き、肉を熱しすぎないようにする。木炭の熱で、肉の両面を4分間ずつグリルする。肉を皿に移し、オレンジの表皮、ハチミツ、マスタード、胡椒で両面をマリネする。

卵白を塩少々と合わせ、半固体のかたまりになるまで泡立てる。残りの塩を混ぜ入れ、クリーミーなソルトクラストの生地をつくる。クッキングシートを敷いたキャストアイロン製フライパンの上に、ソルトクラストの生地の3分の1の量をステーキのサイズに合わせて配分する。混ぜ合わせたハーブの半量をのせる。ポーターハウスステーキをその上にのせ、皿に残っているマリネ液を肉の上にかける。ステーキの上に残りのハーブを敷く。残りのクラストの生地で全体を覆う。

地面にレンガ2個を縦向きに立てて置く。熾火になっている木炭をレンガの間に分配する。キャストアイロン製フライパンをその上に置く。上に幾つか穴を開けた容量10Lの缶詰の空き缶か、類似のものをその上にかぶせる。中心部分の温度が52℃になるまで火を入れる。缶を取り外し、キャストアイロン製フライパンを鍋敷きの上に移動させる。ソルトクラストを割り開く。

ヒント

焼き時間は、肉の熟成度や含まれている脂肪分・水分の量によって異なる。

木炭用グリル、
キャストアイロン製フライパン
写真付き解説は次のページ

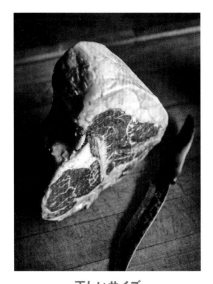

正しいサイズ

ステーキ肉を切り分けるときには、小さすぎたり、薄すぎたりしないように注意する。切った後も立てることができるような大きさ、厚さが適正なサイズである。

層をつくる

クッキングシートを敷いたキャストアイロン製フライパンの上にソルトクラストの生地を広げ、ハーブをたっぷりと敷いたらその上にステーキをのせる。

上からかぶせる

ステーキの上にも、たっぷりハーブをのせること。

包む

残りのソルトクラストの生地で、ステーキを完全に包み込む。

割る

蓋部分を切り開く前に、外皮全体を叩くとうまくいく。

開く

ハーブを取り除き、ステーキをクラストから引き出す。

フラットアイロン・ステーキと温野菜のサラダ

フラットアイロン・ステーキと温野菜のサラダ

Flat Iron Steak mit
lauwarmem Gemüsesalat

4人分

材料

ステーキ:

フラットアイロン肉（＊1）　1.2kg
塩
胡椒

サラダ:

紫玉ネギ　1個
黄パプリカ　1個
トマト　1個
オリーブオイル　大さじ5
チリのみじん切り　1本分
白バルサミコ酢　大さじ2
塩
胡椒
パセリのみじん切り　大さじ2
チップ状に切ったニンニク　3片分
ウィンター・セイボリー（＊2）　1束
レモンの表皮のすりおろし　1個分

＊1.フラットアイロン：牛の肩肉の柔らかい部位。「ミスジ」とも呼ばれる。

＊2.ウィンター・セイボリー：シソ科に属するハーブの一種。別名ガーデンセイボリー。肉の臭み消しなどに用いられる。

**木炭用グリル
またはガスグリル**

肉を冷蔵庫から出し、両面に切り込みを入れる。塩と胡椒をすり込み、室温で30分間ほどしみ込ませる。

その間に、サラダ用の玉ネギ、パプリカ、トマトをさいの目切りにする。五徳に設置したキャストアイロン製フライパンで、玉ネギのさいの目切りを少量のオイルで弱火で炒め、汗をかかせる。1分後にパプリカを加え、引き続き炒める。トマトとチリを加えて炒める。火からおろし、白バルサミコ酢、パセリ、ニンニク、ウィンター・セイボリー、レモンの表皮で味付けする。残りのオイルを注ぎ混ぜる。

焼き網に肉をのせ、高温（250℃）でグリルする。2～3分経ったら肉を90℃回転させ、もう一度2分間グリルする。

肉をひっくり返し、同じ手順を繰り返す。焼き時間が合計で8～10分間になると、焼き上がりはミディアムレアである（中心部分の温度は54℃）。ステーキを5～6分間寝かせる。繊維を断つような方向に肉を切り、温野菜のサラダと一緒にサーブする。

ヒント

このステーキは、ブナの熾火で直火焼きしても良い。肉の厚さ1cmにつき、各面を1分焼くのが鉄則。

塩と干し草のベッドのトモサンカクのせ

塩と干し草のベッドの
トモサンカクのせ

Bürgermeisterstück
im Salz-Heu-Bett

4人分

材料

トモサンカク（＊）	1kg
	塩
	胡椒
粗塩（海塩）	600g
山の干し草	1つかみ

スパイスペースト：

ディジョンマスタード	大さじ2
ニンニクの細かいさいの目切り	1g
乾燥ローズマリー	大さじ1
パセリのみじん切り	大さじ1
オリーブオイル	大さじ2
ブラウンシュガー	小さじ1
ライムの表皮のすりおろし	½個分

＊トモサンカク：牛のもも肉の
希少な部分。脂が適度に入った
コクのある味わいで人気の肉。

スパイスペーストの材料をすべて合わせ、よく混ぜる。

肉から余分な筋や脂肪分を取り除く。肉の上にのっている脂肪の層はそのままにしておく。脂肪の層に縦横（格子模様）の切り込みを入れる。肉までナイフを入れないこと。肉を塩と胡椒で味付けし、スパイスペーストを全体にすり込む。密閉可能な袋に入れ、冷蔵庫で一晩マリネする。

クッキングシートを敷いたグリル用フライパンに塩と干し草を敷き、その上に肉を置く。脂肪の層を上にすること。グリルプレートをグリル台の上に配置し、150℃で肉を間接焼きする。中心部分の温度が約58℃になったら火からおろす。軽く蓋をして、8分間寝かせる。

ヒント

干し草が手に入らない場合は、ハーブを使っても良い。クッキングシートを使えば、グリル用フライパンの掃除が楽である。

ケトルグリル

ドライエイジング熟成リブロース のヘット煮

Dry aged Hochrippe in Rindertalg gegart

4人分

材料

ドライエイジングで熟成させたリブロース
約6kg
ヘット（牛脂） 15L
海塩

融かしたヘットを湯せんまたはガラス瓶に入れて約62℃に加熱する（真空調理用の浸水センサを使うと良い）。リブロースを温まったヘットに浸し、中心部分の温度が56℃になるまで6時間煮る。

熱くなったヘットから肉を取り出し、油切りトレイに置き、塩で味付けする。薪オーブンまたはケトルグリルにて200℃で30〜40分間ほど間接的に火を入れる。中心部分の温度が60〜62℃になったら完成。

ヒント

副菜にはグリル野菜やバゲットが合う。牛の脂はふるいで漉し、肉の熟成（ヘット熟成）や調理に使用できる。

**湯せん、薪オーブン
またはケトルグリル**

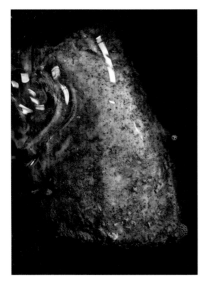
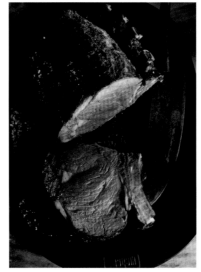

ドライエイジング熟成リブロースのヘット煮

スコップステーキのヘイゼルナッツ・チミチュリがけ

スコップステーキの
ヘイゼルナッツ・チミチュリがけ

Spatensteak mit
Haselnuss-Chimichurri

4人分

材料

アントルコート肉（＊）　4枚（1枚500g）
粗塩（海塩）
ブラウンシュガー　大さじ2
オイル少々（布用）
ローズマリーの枝　数本

ヘイゼルナッツ・チミチュリ：
煎ったヘイゼルナッツ　大さじ4
オリーブオイル　大さじ10
白バルサミコ酢　大さじ2
海塩　小さじ1
ニンニクのみじん切り　4片分
胡椒
パセリのみじん切り　100g
バジリコのみじん切り　100g

＊アントルコート：牛肉の
リブロース。最高級の肉。

　ヘイゼルナッツをみじん切りにし、残りのチミチュリの材料とよく混ぜる。ハンドミキサーで粗めのピューレにする。
　コーティングされていないスコップを炭の熾火の中で約10分間加熱する。その間に、肉を海塩とブラウンシュガーでマリネする。スコップを熾火から取り出す。
　柔らかい布にオイルを少々しみ込ませ、スコップを軽く拭く。スコップの先端（掘る部分）を炭の上に置く。その上にステーキをのせ、両面をそれぞれ5〜6分間ほど軽く焼く。両面を焼き付けたらスコップを少し脇にずらし、ステーキにローズマリーをのせる。中火で好みの焼き加減（約50〜60℃）になるまで火を通す。

ヒント

　スコップの代わりにグリル板やキャストアイロン製フライパンを使っても良い。

熾火（直火）、スコップ

フラットアイロンステーキ　コーヒー、砂糖とシナモン風味

フラットアイロンステーキ
コーヒー、砂糖とシナモン風味

Bügeleisensteak mit Kaffee,
Zucker und Zimt

約4〜6人分
(サイズによる)

材料

カタサンカク（＊）　1個
粗塩（海塩）
焙煎挽きコーヒー　大さじ2
カイエンペッパー　極少量（ナイフの刃先ほど）
シナモン　極少量（ナイフの刃先ほど）
ブラウンシュガー　小さじ1
バター　250g

＊カタサンカク：肩から前脚にかけての部位。

脂身や筋の切り屑を薄くそぎ落とす。肉を真ん中で横に切り、上下2つに分ける。腱を切って取り除く。両方の肉の両面に塩をふり、馴染ませる。

チャコールブリケットで、火起こしを加熱する。大体14分後に炎が上まで達する。キャストアイロン製の格子を上にのせ、肉の各面を2分半ずつ高温でグリルし、脇に寄せておく。

コーヒーを調味料と混ぜる。小さなフライパンをキャストアイロン製の格子の上にのせ、バターを溶かす。バターが黄金色になったら肉を加え、1分間馴染ませる。ベーキングペーパーを敷き、肉の両面にコーヒーと調味料を混ぜたものをふる。ベーキングペーパーで肉を包み、5〜10分間ほど寝かせてから切り分ける。

ヒント

付け合わせには、カボチャ類とリンゴを合わせたものが合う。

火起こし

アントルコートの
ジャガイモクラストのせ

Entrecote mit
Kartoffelkruste

約8人分

材料

アントルコート（牛肉のリブロース）
全部で約2kg
玉ネギ　1個
ニンニク　3片
ニンジン　2本
黄ビーツか類似の根菜　2個
セロリ　½本
粗塩（海塩）
胡椒（ホール）　小さじ1
ジュニパーベリー　小さじ1
ローリエの葉　6枚
トマトペースト　大さじ1
上質の赤ワイン　1L
ベジタブルストックまたはビーフストック　1L

ジャガイモのクラスト：

皮を剥いて茹でた柔らかめのジャガイモ　4個
ズッキーニ　1本
卵　1個
コーンスターチ　大さじ2
塩
ナツメグ
パセリのみじん切り　大さじ2

玉ネギ、ニンニク、ニンジン、黄ビーツ、セロリをざく切りにする。肉を粗塩（海塩）で味付けし、熱したダッチオーブンで脂肪の付いた面を強火でさっと焼き付ける。ひっくり返し、反対の面も同じように焼く。肉を取り出し、蓋の内側に置く。ニンジン、黄ビーツをセロリを肉汁に加え、薄茶色になるまで炒める。玉ネギとニンニクを加え、さらに少し炒める。調味料を加え、トマトペーストを混ぜ込む。ワインの3分の1を注いで熱を消す。注いだワインを煮詰め、さらにワインの3分の1を注ぐ。もう一度煮詰め、残りのワインを注ぐ。ベジタブルストックまたはビーフストックを加える。一度煮立ったら肉を加え、蓋をする。蓋の上に炭をいくつか置き、2時間から2時間半ほどかけて肉を柔らかく蒸し煮する。必要に応じて時々ストックを足す。

クラストをつくる。茹でたジャガイモをすりおろしてボウルに入れる。そこにズッキーニをすりおろして加え、さらに卵、コーンスターチ、塩、ズッキーニにパセリのみじん切りを加える。こうして味が付いたら、軽く混ぜてボウルを脇に寄せておく。

肉の蒸し煮をダッチオーブンから取出し、少し冷ましたら親指ほどの厚さに切り分ける。ジャガイモのクラストを肉の上に敷きつめ、押して平らにする。加熱したプランチャー用の鉄板に少々のオイルを引き、ジャガイモのクラスト側を下にして肉を置き、カリカリになるまで5〜6分間焼く。ひっくり返し、肉の面を下にして2〜3間分間おき、それからサーブする。

ヒント

付け合わせには、サラダやグリル野菜が合う。

ダッチオーブン、
プランチャー用鉄板

アントルコートのジャガイモクラストのせ

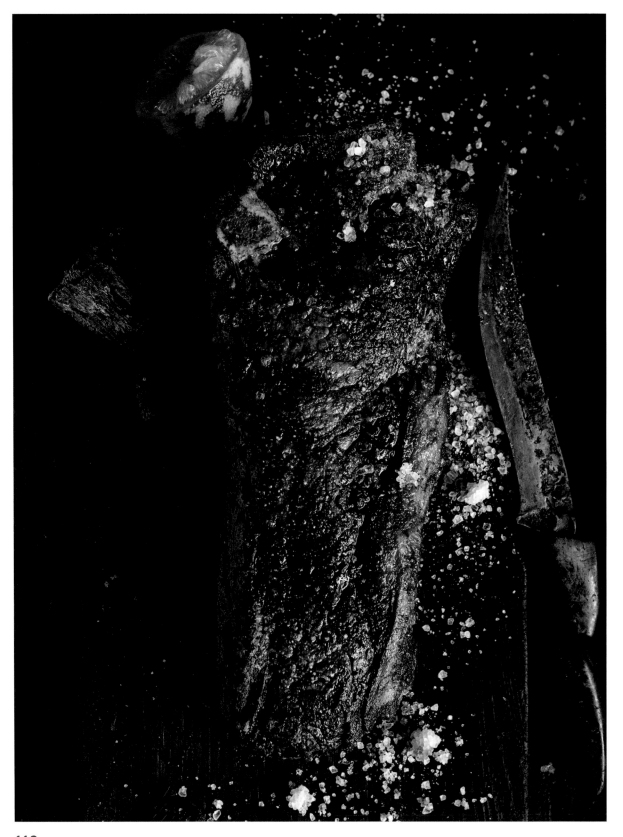

骨つき肉の塩焼きロースト

骨つき肉の塩焼きロースト

Alte Kuh in Salz gegart

4人分

材料

骨つき肉（高齢の雌牛が良い）	1個
粗塩（海塩）	1kg
ライムの表皮のすりおろし	2個分
ライムの汁	2個分
胡椒	
オリーブオイル	100ml

ケトルグリル

　真っ赤な炭の中に肉を置き、蓋を閉めて3分間おく。こうして火を通すうちに、炭のかけらが肉に付着するが、取らずにそのままにする。蓋を開ける（酸素が流れ込み、火が急に燃え上がることがあるので注意）。トングで肉をひっくり返し、蓋を再び閉じる。熾火の中で、肉にさらに3分間火を通す。

　ピザストーンを炭の上に置き、真ん中に海塩をたっぷりまく。炭が付いたままの肉をその上にのせ、残りの塩をふりかける。肉中心部の温度が42℃になるまで火を通し、ブラック・アンド・ブルー（肉の表面に焼き色を付ける、かなりレアの焼き具合）の状態にする。肉をグリル台から取り出す。トングでつかんで肉を立て、ナイフの背を使って塩や焼き付いた炭を取り除く。肉にライムの表皮のすりおろしと胡椒をふりかけ、ライムの汁とオリーブオイルで軽く揉んでから切り分ける。

ヒント

　熱を通している間に塩の上や内部では湿気が発生し、肉に付着している炭の煤を落とすと同時に、水分が蒸発してしまうのを防ぐ。このため、ナイフで塩を落とすと一緒に炭も落ち、肉はジューシーなままで輝きがでる。この料理には、できれば「高齢雌牛」（20歳まで）の肉を使いたい。熟成肉のファンなら思わずうなるほどの旨みを体験させてくれる逸品となることだろう。

ダッチオーブンでつくるビーフシチュー

ダッチオーブンでつくる
ビーフシチュー

Rindergulasch
aus dem Dutch Oven

6〜8人分

材料

ビーフのシチュー用肉（あれば牛スネ）　2kg

玉ネギ　2kg

ラード　大さじ2

パプリカパウダー　60〜80g

（半量は辛口、もう半量は甘口）

ニンニクをつぶしたもの　4片分

トマトペースト　大さじ2

マジョラム　大さじ1

すり鉢ですったキャラウェイシード　大さじ1

塩

酢　数滴

牛スネを3〜4cmのさいの目切りにする。玉ネギを8個に切り分ける。

火起こしでチャコールブリケット20個を事前に熾火にしておく。ダッチオーブンを赤くなったチャコールブリケットの上に置き、勢いよく加熱する。ラードを入れて加熱する。玉ネギを強火でさっと炒め、肉のさいの目切り、ニンニク、トマトペースト、調味料を加える。一度よく混ぜ、水100mlと酢を注いで熱を下げたら蓋をする。

鍋の下にチャコールブリケットを6〜7個置く。残りは蓋の上にのせる。1時間経ったら、水を追加する必要があるかどうか確認する。肉の種類に応じて、2時間半〜3時間半は火を入れる。

ダッチオーブン

ハンギンググリルを使った
仔牛のロール巻きロースト

Kalbsrollbraten
am Galgen gegrillt

約8人分

材料

軟骨や太い筋を取り除いた仔牛の首肉　3kg
ウイスキーのマリネ液（216ページ参照）
お好みのBBQソース

仔牛の首肉を2箇所切って開き、軽く叩いて伸ばす。
　マリネ液に約2〜3時間漬ける。ロール状に巻き、調理用糸で結わえる。肉の右と左にそれぞれ糸で輪（ループ）を作る。肉をスチールロープに固定したら、赤い熾火の炭の1m上に吊るす（ハンギンググリル）。
　放射熱のみで、肉の中心部が72℃になるまで4〜5時間グリルする。30分ごとに刷毛でBBQソースを軽く塗る。

ヒント

　ジャガイモとポルチーニ茸を炒め、付け合わせとして一緒にサーブすると良い。

炉端
ハンギンググリルの写真は次ページ

∨

ハンギンググリルを使った仔牛のロール巻きロースト

ハンギンググリルを使った仔牛のロール巻きロースト

ジビエと羊

WILD & LAMM

Wald und Wiese
森と草原

VON DER LEBER
BIS ZUM FILET
レバーからフィレまで

　　　　　　　　　干し草のベッドのシカの後脚肉　スパイシーな野菜添え

干し草のベッドのシカの後脚肉
スパイシーな野菜添え

Rehkeule im Heubett
mit Wurzelgemüse

約4〜8人分（サイズによる）

材料

シカの後脚の肉　1つ
ニンニク（皮付き）　7〜8片
ローズマリーの小枝　数本
ニンジン（大）　3本
根セロリ　1個
玉ネギ　3個
干し草　2つかみ
粗塩（海塩）
ブリューテンホーニッヒ（＊）　約100g
ビール　1瓶
リンゴジュース（スプレーするもの）
ハチミツ（塗るもの）

エスプレッソBBQソース：
オリーブオイル　大さじ1
紫玉ネギ（小）のみじん切り　1個分
ニンニクのみじん切り　1片（小）分
ケチャップ　120ml
エスプレッソコーヒー　120ml
バルサミコ酢　大さじ2
ブラウンシュガー　大さじ2
チリパウダー　小さじ1
クミン　小さじ1
パプリカパウダー（甘口）　小さじ½

＊ ブリューテンホーニッヒ：「花のハチミ
ツ」。花蜜からできるハチミツ。色が明る
く、マイルドな味わいのものが多い。

ソースをつくる。オリーブオイルを軽く温め、玉ネギとニンニクを軽く炒める。ケチャップ、ジャガイモ、バルサミコ酢、ブラウンシュガーと調味料を加える、混ぜ合わせてから煮立てる。

後脚の肉に入っている筋の自然な溝に、皮付きのニンニク片とローズマリーを詰める。

ニンジン、根セロリ、玉ネギをさいの目切りにし、ホーロー鍋に入れる。塩をふり、ビールと水を鍋の高さの4分の3まで満たす。シカ後脚の肉に海塩をすり込み、全体にさっと焼き色を付ける。2つめのホーロー鍋に湿らせた干し草をしき、そこに肉を入れる。野菜を入れた鍋をグリル台に置いて間接的に熱を入れる。鍋の上に焼き網を置き、その上に後脚の肉を入れた鍋を置く。

野菜と後脚の肉をグリルする。後脚の肉には時々リンゴジュースをスプレーし、ハチミツを塗る。肉の中心部が59℃になったら焼き上がりである。鍋をグリル台からおろし、肉を15分間寝かせる。肉をスライスし、スパイシーな野菜とソースを添えてサーブする。

ヒント

ソースに入れるスパイスは好みに応じて変えても良い。ガラス容器に詰めれば、ソースは冷蔵で半年間は保存できる。

ガスグリル、ホーロー鍋2つ
写真付き解説とエスプレッソBBQソースの写真は次のページ

写真付き解説とエスプレッソBBQソースの写真は次のページ

⌄

皮を剝ぐ

外から見える皮はすべて取り除くこと。薄く長いナイフを使うと、皮を剝ぎやすい。

詰め物をする

皮を剝ぐと、肉に自然に入っている筋の溝が見えてくる。この溝に、ニンニクとローズマリーを詰める。

強火で焼き付ける

最初に勢いよく強火で焼き付けることで、ロースト独特の香りが漂う。

注ぐ

野菜にはたっぷりの水分が必要だ。鍋の4分の3まで、水分（ビール、水）をたっぷり注ごう。

干し草を敷き詰める

後脚の肉を干し草のベッドに入れる前に、干し草は湿らせておくこと。

エスプレッソBBQソース

必須ではないが、あれば完璧。ぜひエスプレッソBBQソースを試してみてほしい。

シカフィレ
マンゴーとキュウリのサラダ添え

Rehfilet mit
Mango-Gurken-Salat

4人分

材料

キュウリ　1本
マンゴー　1個
レモン汁　½個分
カイエンペッパー　小さじ1
粗塩 (海塩)
バルサミコ酢　小さじ1
マンゴーペースト　大さじ1
シカのフィレ　1枚
バター　大さじ1

キュウリの皮をむき、種を取り除いてさいの目に切る。マンゴーも皮をむいて、さいの目に切る。マンゴーとキュウリをボウルに入れ、レモン汁、カイエンペッパー、粗塩 (小さじ1)、バルサミコ酢とマンゴーペーストを加えて、よく混ぜてから冷やす。

シカのフィレの皮と筋を取り除く。フィレを粗塩で味付けし、グリルプレートの上でバターを使ってピンク色 (レア) に焼く。厚めにスライスし、サラダを添えてサーブする。

グリル板

シカフィレ　マンゴーとキュウリのサラダ添え

シカレバーとローズマリー・チリのポレンタ

シカレバーとローズマリー・チリの ポレンタ

Rehleber mit
Rosmarin-Chili-Polenta

2人分

材料

シカのレバー　1つ
ニンニク　2片
紫玉ネギ（大）　3個
リンゴ　2個
オリーブオイル
赤ワイン（ディグレージング用）
バルサミコ酢（ディグレージング用）
海塩
胡椒
ローズマリー

ポレンタ（＊）：
塩　小さじ1
ローズマリーの小枝　1つかみ
ポレンタ（粗挽きトウモロコシ粉）　250g
チリフレーク（お好みで）

＊ポレンタ：コーンミールを
粥状に煮たイタリア料理。

ポレンタは前日に調理しておく。水1Lに塩を入れて沸騰させ、ローズマリーの半量を入れて3〜4分間ほど煮る。ローズマリーを取り出し、トウモロコシ粉をゆっくりと混ぜ込む。チリフレークを加える。頻繁にかき混ぜながら、約10分間コトコトと煮る。

長方形のフォームにラップを敷き、温かいポレンタを注ぎ込む。ポレンタの表面にローズマリーの枝を敷き詰める。ホイルで包み、冷蔵庫で一晩冷やす。

シカのレバーに胆嚢が付いている場合は周囲の組織ごと取り除き、皮を剥いで細切りにする。

ニンニク、玉ネギ、リンゴを細かく切る。キャストアイロン製フライパンで、ニンニク、玉ネギ、リンゴに少量のオイルを加え、弱火で炒めて汗をかかせる。レバーの細切りを加え、ピンク色（レア）に焼き上げる。赤ワインとバルサミコ酢を注いで熱を下げ（ディグレージング）、塩と胡椒をふる。

並行して、前日に用意しておいたポレンタを厚さ2cmにスライスし、グリル板でカリっと強火で焼き付ける。

ヒント

ポレンタの代わりに黒パンを合わせても良い。

グリル板、キャストアイロン製フライパン

ダッチオーブンでつくる
仔羊のスネ肉蒸し煮

Lammhachsen
aus dem Dutch Oven

8人分

材料

ニンジン、セロリ、玉ネギ　600g
ニンニク　5片
トマト　2個
仔羊の骨付きスネ肉　8個
オリーブオイル　大さじ3
ローズマリーの粗みじん切り　大さじ2
タイムとセージ
ベースのスパイス（215ページ参照）　大さじ約3
オイル（焼き付け用）
トマトペースト　大さじ2
チリパウダー（お好みで）
クミン　極少量（ナイフの刃先ほど）
ショウガの細かい角切り　大さじ1
きび砂糖　大さじ1
赤ワイン　250ml
フォン・ブラン（＊）　2L
煮豆　250g
バジリコの葉　10枚

＊フォン・ブラン：ブラウンソースなど
のベースとなる褐色の出し汁。野菜、
肉、魚などの材料を焼いたり、煮たりし
てつくる。仔牛の筋や骨付き肉でつく
るフォン・ド・ボーなどが代表的。

ダッチオーブン

ニンジン、セロリ、玉ネギを粗いさいの目切りにする。ニンニクを粗い
みじん切りにする。トマトを小さめのさいの目切りにする。仔羊のスネ肉
をニンニク、オリーブオイル、ハーブ類とよく混ぜ合わせ、2時間馴染ませる。
　全体にベースのスパイスをすり込み、10分間寝かせる。十分に予熱し
たダッチオーブンにオイルを加え、強火で全体に焼き色を付ける。肉を取
り出し、保温する。焼いているときに出た汁で、さいの目切りにした野菜
を茶色になるまで強火で焼き付ける。トマトペースト、チリ、クミン、ショ
ウガを加え、さっとローストする。きび砂糖をふりかけて素早くカラメル
化させ、赤ワインを注いでディグレージングする。赤ワインが半量になる
まで煮詰める。スネ肉、トマトのさいの目切り、フォン・ブランを加え、蓋
をして柔らかく蒸し煮する（1時間半ほどかかる）。このとき、ソースはご
くわずかにふつふつと煮える程度に保つこと。最後に、豆とバジリコの葉
を加える。必要に応じてベースのスパイスで味を整える。

ヒント
　辛口のこってり味が好きな場合は、タイカレーやスモークチリパウダー
で味付けし、ベーコンスライスを加えて味を足す。

ダッチオーブンでつくる仔羊のスネ肉蒸し煮

焚火仕立ての仔羊肉のケバブ

焚火仕立ての仔羊のケバブ

Lammkebap
vom Lagerfeuer

4人分

材料

仔羊のモモ肉　1kg
チリオイル　小さじ2
ニンニクのみじん切り　4片分
ベースのスパイス (215ページ参照)　大さじ2
スモークパプリカパウダー　小さじ1
きび砂糖　大さじ1
フラーデンブロート (95ページ参照、または
　出来合いのもの)
ギリシャヨーグルト　200g
ザアタル (＊ 216ページ参照)　大さじ3

マリネ液:
オレガノの小枝　数本
玉ネギ　½個
ニンニク　3片
ベースのスパイス　小さじ1
リンゴジュース　150ml
水　150ml

＊ザアタル:中東で多用される乾燥さ
せたハーブをミックスしたもの。216
ページにもレシピが載っているが、各
種ハーブが入手できない場合はオレガ
ノのみでも風味を楽しめるだろう。

**ガスまたは木炭のグリル、
または炉端**

仔羊肉を粗いサイコロに切る。チリオイル、ニンニク、パプリカパウダーとベースのスパイスを混ぜたもの、そしてきび砂糖をよくすり込む。数時間馴染ませる。

オレガノをグリル用の調理糸でしっかりと束ねる。玉ネギを細切りにする。ニンニクはつぶしておく。玉ネギ、ニンニクとベースのスパイスをリンゴジュースと水に混ぜ、20分間馴染ませる。

仔羊肉のサイコロを串に刺し、熾火の上で全体にしっかりと茶色の焼き色を付ける。マリネ液に浸したオレガノを何度も肉に塗り付ける。真ん中から少し汁が出てきたら、仔羊肉の内部に汁が行き渡った合図だ。これを確認したら、よく切れるナイフで仔羊肉を串から直接そぎ落とす。

希望通りの焼き具合になっているか確かめる (レア、ウェルダンなど、どの焼き具合にもそれぞれの魅力がある)。

フラーデンブロートをヨーグルトに浸し、すり鉢ですったばかりのザアタルをふりかける。

仔羊の背肉とフェンネル

Lammrücken mit Fenchelgemüse

4人分

材料

仔羊の背肉　2つ
ガーリックオイル　大さじ1
ハーブの割合を増やしたベースのスパイス
（215ページ参照）
ディジョンマスタード　大さじ2
マスタードシード　大さじ1
チャイブの輪切り　大さじ4
ローズマリー、タイム、セージ（肉の下に敷く分）

フェンネル：
フェンネルの球根　3個
ニンニク　4片
オリーブオイル　大さじ3
ローズマリー、タイム、セージの小枝
（一緒に焼く分）
ベースのスパイス（風味付け）

フェンネル用ヴィネグレットソース：
万能ネギ　1本
ニンニク　1片
バジリコの細切り　大さじ1
トマトのさいの目切り　大さじ3
オリーブオイル　大さじ2
チリハニー　大さじ1
ライムの汁　大さじ2
ベースのスパイス（風味付け）

仔羊の背肉の脂肪の層に、細かく縦横の切り込みを入れる。肉にニンニクとベースのスパイスをすり込み、20分間馴染ませる。

火皿の真ん中で、全体を高温で勢いよくグリルする。脂肪が付いている面からは脂肪分が流れ出し、カリッと焼き上がるはずである。

ハーブを敷き詰めた上に肉をのせる。やや温度を下げて、ハーブの上で肉を何度もひっくり返しながら引き続きグリルする。肉の中心部の温度が54℃になったら少しそのままにし、56℃になるのを待つ。

フェンネルの球根をスライスする。ニンニクを皮ごと、粗めに叩いて平らにする。仔羊の焼き汁を少し火皿に残し、後はキッチンペーパーで軽く押して吸い取る。火皿に残した焼き汁にオリーブオイルを加える。そこにスライスしたフェンネル、ニンニク、ベースのスパイスとハーブを加え、柔らかく蒸し煮する。

マスタードをマスタードシードと混ぜ、仔羊の背肉の上面に塗り付ける。それからチャイブの輪切りの中で転がし、マスタードに緑の衣を満遍なくしっかり付ける。

万能ネギとニンニクを細かく切り刻む。マリネ液（ヴィネグレットソース）のすべての材料をさっと混ぜ合わせ、ベースのスパイスで風味を付ける。

温めた肉用カービングボードの上で仔羊の背肉を切り分ける。フェンネルにトマトのヴィネグレットソースをたらし、肉に添えてサーブする。

ヒント

肉の中心部の温度が上昇しなくなったら、寝かせ時間は終了。肉を切り分けることができる。

火皿

仔羊の背肉とフェンネル

アサードクロスでつくる羊の丸焼き

アサードクロスでつくる
羊の丸焼き
Schaf vom
Asadokreuz

約20人分

材料

下処理を済ませた羊　1頭（約13 〜 15kg）
タイムとローズマリー　1束
ナシまたはリンゴのモスト（＊）　1L
塩

＊モスト：グリル中に吹きかける
ジュース。ブドウでつくることが多い。

　しっかりとしたワイヤーで、羊の脚と背中をアサードクロスにくくって固定する。モストに浸したタイムとローズマリーの束で羊全体をこすり、モストを塗り付ける。続いて塩をすり込む。

　羊の骨の側が熾火に向くようにしてアサードクロスを立てる、炎が燃え上がっても肉には触れないくらいの距離を取ること。肉の背がアーチのように丸まってきたら、羊をひっくり返して反対側にも火を入れる。肉がパチパチと音を立て始めたら、最初に食べる分を切り取ることができる。

　グリル中、羊全体に何度もモストを吹き付けて肉が乾かないようにする。夏の暑い時期であれば、羊はおよそ3 〜 4時間で焼き上がる。

ヒント

　モストの代わりに、リンゴジュース、ビールまたは塩水を使っても良い。

アサードクロス、
火皿（直径60〜80cm）
150、151ページにも写真あり

$\vee$

ハンノキの厚板にのせた仔羊のレバーと羊乳フレッシュチーズ

ハンノキの厚板にのせた仔羊のレバーと羊乳フレッシュチーズ

Lammleber mit
Schaffrischkäse auf der
Erlenplanke

4人分

材料

ニンニク　少々
オリーブオイル　大さじ2
コリアンダーシード　小さじ1
黒胡椒（ホール）　大さじ1
仔羊のレバー
（皮なし、念入りに下処理をしたもの）　1つ
ベースのスパイス（215ページ参照）　小さじ1
羊乳フレッシュチーズ　2個（1個約150g）
温めたチリハニー　大さじ2
上質のバルサミコ酢（吹き付ける分）

ニンニクをすり鉢でつぶし、オリーブオイルとよく混ぜる。コリアンダーシードと胡椒（ホール）をから煎りする。仔羊のレバーを熾火のなかで両面とも直接グリルし、ニンニクとオリーブオイルを合わせたペーストとベースのスパイスをすり込む。

羊乳フレッシュチーズに温めた甘辛いチリハニーを刷毛で塗る。コリアンダーシードと黒胡椒（ホール）をすり鉢で粗目につぶす。そこにチーズを入れてそっと転がし、コリアンダーシードと胡椒をチーズ全体に付ける。

ハンノキ（＊）の厚板を熾火に直接当て、少しの間加熱する。厚板を囲むように、熾火を円状に配置する。仔羊のレバーとチーズを厚板にのせ、放射熱で火を通す。チーズは火が通り易く形が崩れてしまいがちなので、肉より熱が当たりにくい場所に置くこと。中心部の温度が約52℃になったら、仔羊のレバーの焼き上がりである。チーズとレバーを少し寝かせる。寝かせているうちに、中心部の温度はさらに何度か上昇する。レバーとチーズをまだ温かいうちに厚板の上で切り分け、ベースのスパイスをふる。バルサミコ酢を吹き付け、摘んでおいた野生のハーブをふり撒く。

ヒント

チーズの粘性によっては、チーズが溶け始める可能性がある。溶け始めたら、早めに板からチーズを取り出すこと！　チーズとレバーの下にタイムやオレガノの小枝を数本置くと、品の良いハーブの香りを添えることができる。

＊ハンノキ：カバノキ科ハンノキ属の落葉高木。日本にも分布するが、料理の際はスギの厚板でも可。

炉端または木炭用グリル、木の厚板

スギの板にのせた 仔羊のプラリーヌ

Lammpralinen auf dem Zedernbrett

4人分

材料

仔羊の挽肉　1kg
チリパウダー（お好みで）
ディジョンマスタード　大さじ1
ベースのスパイス（215ページ参照）
ニンニクのみじん切り　1片分
オレガノの小枝　数本（燻し用）

　挽肉にチリパウダー、ディジョンマスタード、ベースのスパイス、ニンニクを加えてよく混ぜる。アイスクリームディッシャーで肉団子を作り、プラリーヌ（アーモンドの砂糖がけ菓子）のような形にまるめ、スギの板にのせる。熾火を配置する。中央はスギの板のために十分なスペースを空けておくこと。オレガノの小枝を熾火の上で燻す。放射熱で挽肉のプラリーヌに火を通す。ここで、かすかにスモーキーな香りが肉に付く。レアからウェルダンまで、どの焼き具合でも美味である。

ヒント
　付け合わせには、バルサミコ酢でカラメリゼした玉ネギなどが良い。紫玉ネギをスライスし、オリーブオイルを熱してローズマリー、タイム、セージと一緒に弱火でゆっくり焼き色を付ける。ブラウンシュガーを素早くカラメル化させ、バルサミコ酢を注いで熱を下げる。ベースのスパイス少々、BBQソースとチリパウダーで味を整える。

炉端、木の板

スギの板にのせた仔羊のプラリーヌ

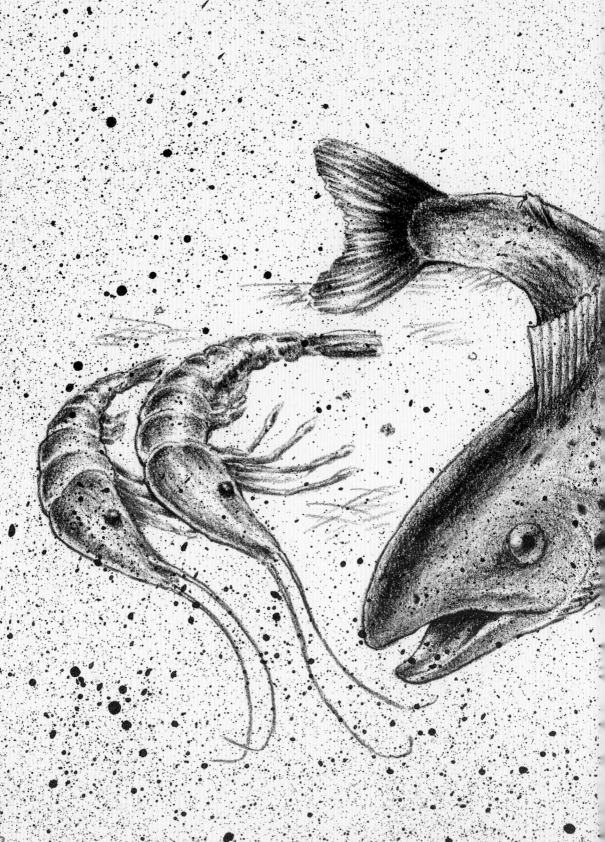

魚介類

FISCH
und Meeresfrüchte

FORELLE, SAIBLING, WELS UND GARNELEN
マス、イワナ、ナマズ、エビ

エビとマンゴー

エビとマンゴー

Garnelen
mit Mango

4人分

材料

マンゴー　1個
チリフレーク　小さじ1
海塩　小さじ1
マンゴーペースト　大さじ1
エビ　12尾
オイル　大さじ1

マンゴーの皮をむいて小さめのさいの目に切り、チリフレーク、海塩、マンゴーペーストと混ぜ合わせて脇に寄せておく。

新鮮なエビの背中に縦に切り込みを入れ、ワタを取り出す。キャストアイロン製フライパンを直接熾火にあてがい、オイルを加えてエビを強火でさっと焼く。エビが全体的にピンク色になったら、マンゴーを加えて軽く混ぜ合わせ、さっとソテーする。エビの内部には、ガラスのような透明な部分がまだ少し残っているようにする。

小さな皿に盛り付け、前菜としてサーブする。

ヒント

ここではアサドールお気に入り、地元のバイエルンで養殖されているエビを使っている。

**ガスまたは木炭のグリルか炉端、
キャストアイロン製フライパン**

エビの串焼きとコールスロー

Garnelenspieß mit Coleslaw

4人分

材料

エビ　12尾
塩
カレーパウダー（お好みで）

コールスロー：
白キャベツ　1玉
ニンジン　2本
白玉ネギ　2個
マヨネーズ　200g
生クリーム　80g
白ワインビネガー　大さじ2
レモン汁　大さじ1
砂糖　大さじ4
セロリーシード　小さじ1

白キャベツを千切りにする。ニンジンをすりおろし、玉ネギを粗みじんに切る。白キャベツ、ニンジン、玉ネギをボウルに入れ、よく混ぜ合わせる。マヨネーズ、生クリーム、白ワインビネガー、レモン汁、砂糖を合わせて勢いよくかき混ぜ、白キャベツにかけてよく混ぜ合わせる。セロリーシードをすり鉢で軽く砕き、これも合わせて混ぜる。冷蔵庫に入れて馴染ませる。一晩おくのが理想的。

エビを下処理し、ワタを取り除く。エビをきれいに洗い、キッチンペーパーを使って水分を取る。エビを海塩とカレーパウダーで味付けし、串に刺す。ガスグリルまたは木炭用グリル、または炉端で4 ～ 6分間火を通し、カリっと焼き上げる。

ヒント

コールスローは、豚のグリルにもぴったりの付け合わせになる。

**ガスグリルか木炭のグリル、
または炉端。木串**

エビの串焼きとコールスロー

エビのクッキー缶燻(いぶ)し

Garnelen in der Keksdose gesmoked

4人分

材料

エビ　12尾
オリーブオイル　大さじ2
胡椒
チェリートマト　12粒
ローズマリーの小枝　4本
ルッコラ（盛り付け用）

ブライン液：
冷水　1L
塩　80g
粉砂糖　20g

クッキー缶（約20 x 10cm）の底面に鉄工用ドリルで直径8mmの穴をいくつか開ける。さらに、缶の蓋の左右に穴を2つ開ける。

ブライン液の材料をすべて合わせ、よく混ぜる。

エビをブライン液に15分間漬けたら、取り出して水気を切り、オリーブオイルと胡椒でマリネする。

トマト、エビ、ローズマリーをクッキー缶に入れ、蓋を閉じる。レンガ4つを四角に並べる。真ん中に熱い木炭を置く。熾火にウッドチップを1つかみ入れる。クッキー缶をレンガの上に置き、熱があたるようにする。煙が缶に入り、煙突効果で缶を満たす。

エビを20 〜 25分間高熱で燻す。エビを取り出し、ルッコラとトマトを添えてサーブする。

炉端、クッキー缶

エビのクッキー缶燻し

マスの熾火焼き

マスの熾火焼き

Forelle
in der Glut

4人分

材料

ニジマス　4尾（1尾250g）（ヒント参照）
お好みの調味料とハーブ

ニジマスの頭を落とす。冷たい水でニジマスの内側・外側をしっかりと洗い、キッチンペーパーを使って水分を取る。ニジマスの腹腔内を好みの調味料で味付けする。ハーブを中に入れても良い。

ニジマスを魚用の合わせ焼き網（フィッシュグリルバスケット）に入れ、背を火に向けて熾火の上に置く。放射熱で、ひっくり返しながら全体に火を通す（フィッシュグリルバスケットがないとひっくり返しにくい）。熾火の上に約3分間置くと、ニジマスの皮は黒くなり、乾いてくる。ニジマスをひっくり返し、再び背を火に向ける。さらに3～4分たったら焼き上がりだ。グリルしたニジマスの皮は食べられないが、簡単に取り除くことができる。

ヒント

このレシピは比較的小さな魚向けである。大きな魚だと、グリル時間が長くなって皮が焦げついてしまう。

熾火

燻した川マスのカリカリ黒パンのせ

燻した川マスの
カリカリ黒パンのせ

Geräucherte Bach-
forelle auf knusprigem
Schwarzbrot

4人分

材料

パセリのみじん切り　大さじ2
ニンニク　1片
植物油　少々
川マス　4尾
塩
胡椒

木の洞（または幹に開けた穴）の中で、乾いたブナの薪（大きすぎないもの）に火を点け、ほとんどが熾火になるまで燃やす。木の洞の中の温度は約90〜95℃に調整する。

パセリとニンニクに植物油を少々足し、すり鉢の中で細かくつぶす。

川マスのエラを取り除く。冷たい水で川マスの内側・外側をしっかりと洗い、キッチンペーパーで軽くとんとんと叩いて水分を取る。内側と外側を塩と胡椒で味付けする。腹腔内にハーブペーストをすり込む。川マスの頭にフックを取り付ける。

スモークチップ（リンゴ）を1つかみ熾火に投げ入れ、蓋を閉じる。だいたい4〜5分後に煙が出てきたら、川マスを木の洞の中に引っ掛け、蓋を閉じる。15分後に再びスモークチップを加える。25〜30分後に焼き上がる（中心部の温度は54〜56℃）。

ヒント

黒パンのスライスをカリカリに焼いてからクレームフレーシュ（191ページ参照。サワークリームの一種。酸味や粘度な控え目。脂肪分が多く、リッチな食感がある）を塗り、骨を取り除いた川マスの身をのせる。ホースラディッシュを少しのせてサーブすると良い。

木の洞
写真付き解説は次のページ

熾火を準備する
完璧な燻製をつくるには、薪を木の洞の中に入れ、ほぼ熾火の状態になるまで燃やすことが重要となる。

魚を下処理する
マスを調味料で味付けし、吊り下げ用のフックを取り付ける。

燻す
木の洞の中に魚を吊るすには、シンプルな鉄の棒がぴったりである。

取り出す
片手でトングを握り、熱い川マスを木の洞から取り出す。もう片方の手で容器を持ち、そこに川マスを入れる。

火からおろした魚
魚の皮を剥いだり、身を切り分けたりするときには、木の板の上にのせる。

皮を剥ぐ
フォークでくるくると巻くようにして、魚の尾の方から皮を剥ぐ。

川マスの燻製

ファイヤーボウルグリルのホッキョクイワナと
キャラメリゼ・レモン
プッタネスカ・サンドイッチ添え

Seesaibling vom Feuerring
mit karamellisierten Zitronen und Puttanesca-Sandwich

4〜6人分

材料

イワナ：

胡椒（ホール）	大さじ1
フェンネルシード	小さじ1
コリアンダー	小さじ1
粗塩（海塩）	大さじ1
ブラウンシュガー	小さじ1
イワナ 1尾（約2kg）	
タイムの小枝 10本	

キャラメリゼ・レモン：

オーガニックのレモン	2個
ブラウンシュガー（キャラメリゼ用）	

プッタネスカ・サンドイッチ：

バター	120g
ニンニクのみじん切り	5g
黒オリーブ（種なし）	40g
乾燥トマト	20g
ケイパー	10g
アンチョビーフィレ	10g
パセリ	20g
すりおろしたパルメザンチーズ	20g
レモン汁	5 ml
タバスコ	2g
塩	
胡椒	
チャバタ 1個（約300g）	

胡椒、フェンネル、コリアンダーをフライパンでさっとローストする。塩と砂糖を加え、すり鉢で細かくすりつぶす。

イワナを3〜4cmの厚さ（蹄鉄形）にスライスし、腹部の薄いヒレを切り取る。イワナの両面を調味料を混ぜたものでマリネし、タイムの小枝をのせる。蓋をして1時間以上、冷たい状態で馴染ませる。

レモンを10枚にスライスする。レモンスライスの両面をブラウンシュガーにぎゅっと押し付ける。

サンドイッチをつくる。泡立て器かブレンダーを使ってバターを白くなるまで泡立てる。ニンニク、オリーブ、乾燥トマト、ケイパー、アンチョビーフィレ、パセリをみじん切りにする。そこにパルメザンチーズを加えてバターに混ぜ、レモン汁、タバスコ、塩、胡椒で味付けする。バターをゴムべらでしっかりと混ぜ合わせ、バターミックスをつくる。

チャバタを縦2つに切り、両方の切断面にバターミックスを塗る。チャバタは間接グリルのゾーン（200〜220℃）に置く。蓋を閉じ、カリッとなるまでグリルする。

加熱したグリル板に薄くオイルを塗り、イワナのスライスをのせ、片面ずつ、およそ3分間グリルする。両面をグリルしたら、温かいゾーンに寄せておき、馴染ませる（中心部の温度は約69℃）。この間に、ブラウンシュガーを付けたレモンのスライスをグリル板にのせ、キャラメリゼする。イワナのスライスにレモンをのせ、サンドイッチに添えてサーブする。

**ガスグリルまたは木炭用グリル、
ファイヤーボウル**

ファイヤーボウルグリルのホッキョクイワナとキャラメリゼ・レモン　プッタネスカ・サンドイッチ添え

ナマズの厚板のせ

ナマズの厚板のせ

Wels auf
der Holzplanke

6人分

材料

下処理済みのナマズ　1尾（900 ～ 1100g）
木の厚板（ハンノキ、スギ、リンゴ、ブナなど）
1枚
ベースのスパイス（215ページ参照）　大さじ3
新鮮なハーブ（ナマズの下に敷く）

ネトルバター：

バター　400g
ヒマワリの種　大さじ3
ネトルリーフ（＊）　1つかみ
トマトのさいの目切り　100g
ベースのスパイスとライム汁（味を調えるため）

＊ネトルリーフ：別名イラクサ。葉にも茎
にも棘がある。健康に良いハーブとして
重宝され、お茶やスープに使われる。

バターとヒマワリの種を、バターが茶色になるまでゆっくり加熱する。ネトルリーフを熱いバターに加える（バターがぶくぶくと泡を立てる）。ネトルリーフとバターを合わせたものにトマトのさいの目切りを加え、ベースのスパイスとライム汁で味を整える。

冷たい水でナマズの内側・外側をしっかりと洗い、キッチンペーパーを使って水分を取る。腹腔にベースのスパイスをすり込み、ハーブを詰め込む。

ハーブをたっぷり敷いた厚板の上にナマズを置く。熾火の準備が整ったら、厚板を熾火の中央に置く。熾火の4分の1を厚板の下に置き、残りは厚板の両側に置く。ナマズの左右に熾火が配置されるようにすること。

薪をいくつか熾火の上に置く。薪を足すことで放射熱が高まり、ナマズに見事な香気がそなわる。

ナマズを間接的にグリルし、中心部の温度が55℃に達したら火からおろす。ジューシーで透明な輝きをまとうナマズを、15分間以上寝かせる。この際、中心部の温度はさらに何度か上昇する（約58℃）。こうすることで、ナマズのフィレが簡単に骨から外れるようになる。

ナマズをさばいて切り身にし、熱いネトルバターにさっと通す。

ヒント

グリルの際、ナマズの尾先よりも頭に多くの熱を当てる必要がある。

炉端、木の板

野菜と付け合わせ

GEMÜSE
und Beilagen

VOM BROT BIS ZUR
KARTOFFEL

パンからジャガイモまで

ベーコンとニンニク入り棒付きパン

ベーコンとニンニク入り棒付きパン

Stockbrot mit Speck und Knoblauch

4人分

材料

生地：

小麦粉　500g
小麦粉（打ち粉用）
ドライイースト　1袋
ハチミツ　10g
オリーブオイル　50 ml
塩
ぬるま湯　300 ml

その他の材料：

ベーコンスライス　8枚
ニンニクオイル　大さじ1
ミルで砕いたチリソルト
ローズマリーの葉のみじん切り　枝1本分

生地の材料をすべて室温に戻す。

小麦粉、ドライイースト、ハチミツ、オリーブオイル、塩をボウルに入れる。ぬるま湯を加え、滑らかな生地になるまでこねる。生地をまるめて2～3個のボールをつくり、小麦粉をふった型に入れ、蓋をして冷蔵庫に入れて3時間以上寝かせる（一晩寝かせるのがベスト）。

生地を冷蔵庫から出し、小麦粉をふった台の上でよくこねる。室温でもう1度発酵させる。

生地を平たく伸ばし、縦方向に切って細長いリボン状にする。リボン状にした生地にベーコンスライスを薄く敷き、グリル用串にきつく巻き付ける。ニンニクオイルを薄く塗り、チリソルトとローズマリーのみじん切りをまぶす。グリルの上で、中火で直接火に当てるか、または熾火にかざして全体をカリッとグリルする。

ヒント

カリっとした棒付きパンはゴマをふってもとても美味しく、思わず舌鼓を打つ理想的な付け合わせだ。

ガスまたは木炭のグリルか
炉端、グリル用串

ニンジンの熾火焼き

Karotten
in der Glut gegart

4人分

材料

ニンジン（中）　8本
バター　大さじ1
バニラソルト
新鮮なパセリのみじん切り　大さじ1

ニンジンを直接熾火に入れ、約40分間火を通す。

熾火からニンジンを取り出し、蓋のある容器に入れる。蓋をしっかり閉じ、10分間ほど寝かせる（こうすることで皮が剥きやすくなる）。焦げた皮を取り除く。フライパンにバターを溶かし、縦半分に切ったニンジンを入れ、バニラソルトとパセリのみじん切りを合わせてソテーする。

玉ネギの熾火焼き

Zwiebeln
in der Glut gegart

4人分

材料

皮付き玉ネギ（中）　8個

皮が付いたままの玉ネギを熾火の上に置き、何度もひっくり返しながら柔らかくなるまで火を通す。玉ネギの外側は焦げるが、内部は柔らかくジューシーで香りも良い。

ヒント

このレシピには皮付き玉ネギを使うのがミソである。

炉端

玉ネギの熾火焼き

スパイシーな
ジャガイモの熾火焼き

Würzige Kartoffeln
in der Glut gegart

4人分

材料

ジャガイモ（煮崩れしにくいもの）　8個
ローリエの葉　4枚
塩
胡椒

ジャガイモを洗い、水気を切る。アルミホイルを広げ、その上にベーキングペーパーを敷く。その上にジャガイモを置き、それぞれをローリエ½枚、塩、胡椒で味付けする。ジャガイモをひとつずつアルミホイルで包み、炭または熾火に直接置く。グリル時間は、ジャガイモの大きさに応じて35 〜 45分間。半分ほど時間が過ぎたら、ジャガイモをひっくり返すか、熾火の中に埋める。または熾火を上からかけて最後までグリルする。

ヒント
サワークリームやチャイブで盛り付ける。

ジャガイモの熾火焼き

Kartoffeln
in der Glut gegart

4人分

材料

ジャガイモ（煮崩れしにくいもの）　8個

熾火を熊手で平らにならす。真ん中の熾火を少しだけ取り除いてくぼみを作る。取り除いた熾火は脇に寄せておく。くぼみに残っている熾火の上にジャガイモを置き、蓋などはせずに約15分間火を通す。ジャガイモに少ししわが寄ってきたら、脇に寄せておいた熾火でジャガイモを覆い、約30 〜 35分間さらに火を通す。

ヒント
付け合わせにしても良いし、またはバターやフレッシュチーズ、ハーブなどを好みで合わせて楽しんでも良い。手のひらでつぶし、皮ごと食べるのが一番美味しい食べ方だ。または、縦に切ってスプーンで中味をすくって食べても良いだろう。メインとして食べるなら、ジャガイモの量を増やすのがおすすめである。

炉端

ジャガイモのベーコン巻き

Kartoffeln
im Speckmantel

4人分

材料

ジャガイモ（小）　20個
ハーブソルト
セージの葉　20枚
ベーコンスライス　20枚
ニンニク（お好みで）

ジャガイモを固めに茹でて冷ます。真ん中で2つに切り、味付けする。ジャガイモの半切りが40個できたら、そのうち20個にセージの葉を1枚のせる。残りのジャガイモの半切り20個をこれらにのせて1つにし、ベーコンスライスを巻いて楊枝で留める。グリル板の上で、ベーコンが十分にカリカリになるまで中火で全体を焼く。

ヒント

ジャガイモは生のまま使っても良い。その場合は、150 〜 160℃で約50分間グリルすること。

ガスグリル
または木炭用グリル、グリル板

ダッチオーブンでつくるジャガイモと玉ネギのタルト

ダッチオーブンでつくる
ジャガイモと玉ネギのタルト

Kartoffel-Zwiebel-Torte
aus dem Dutch Oven

4人分

材料

ジャガイモ（煮崩れしにいもの） 800g
紫玉ネギ 150g
ナタネ油
ナツメグ
塩
胡椒
ベルクチーズ（＊）または他のスパイシー系
ハードチーズ 60g

＊ベルクチーズ：山麓地帯でつくられた
チーズの総称。多くの場合は硬めのハード
チーズに分類される。アルゴイ・アルプスの
麓でつくられるものなどが有名。

　ジャガイモの皮を剥き、2mmの厚さに薄くスライスする。玉ネギも同じく2mm厚のリングに切る。

　ダッチオーブンを熾火の上方に置く。予熱温度（200℃）は上げすぎないようにすること。ダッチオーブンの底に薄く油をひき、そこにジャガイモのスライスの半量を入れて味付けする。その上に玉ネギのリングを盛り付け、さらに味付けする。ナタネ油少々をふる。ジャガイモスライスの残りの半量をその上に重ね、味付けをする。チーズをまぶす。ナタネ油をその上に少しふる。

　蓋をかぶせ、熾火をいくつか、またはチャコールブリケット12個を上に置き、約50分間火を通す。

ダッチオーブン

グリル鍋のフォカッチャ

Focaccia aus dem
Feuertopf

4人分

材料

ぬるく温めた小麦粉　500g
イーストキューブ　½個
ハチミツ　大さじ1
オイル漬け乾燥トマトのみじん切り　大さじ2
塩
トマトオイル　大さじ2
ベースのスパイス（215ページ参照）　大さじ1
オリーブオイル（刷毛で塗り付けたり、まぶしたりする分）
トマトのスライス、オレガノ、タイム（盛り付け分）
粗塩（海塩）（まぶす分）

小麦粉300gをボウルにふるい入れる。中央にくぼみをつくり、イーストをポロポロに崩して入れる。ぬるま湯300mlとハチミツを混ぜ込み、前生地をつくる。残りの小麦粉をその上でふるい、およそ2倍の大きさになるまで生地を発酵させる。

乾燥トマトのみじん切りを加え、柔らかい生地になるまで全体をこねる。生温かく加熱したグリル鍋（直径30cm）にベーキングペーパーを敷き、そこに生地を置いて、大きさが2倍になるまで発酵させる。

生地の表面にフォークで軽く穴を開け、オリーブオイルを刷毛で塗る。オレガノ、タイム、トマトのスライスをふんわりとのせる。粗めの海塩を軽くふりかける。

220℃で10分間、間接的にベーキングする。熱く温めた蓋をして、約20分間180℃で間接的に熱を入れる（所要時間は生地の厚さにより異なる）。

フォカッチャが出来上がったら、グリル鍋からすぐに取り出す。ベーキングペーパーを剥がす。木で組んだ格子の上にフォカッチャをのせる。こうすることで水分が蒸発し、カリッとした食感が長時間持つようになる。

グリル鍋

グリル鍋のフォカッチャ

エイプルスキーブ・パンのホウレン草グリルピザ

エイブルスキーブ[*1]・パンの
ホウレン草グリルピザ

Spinatpizza im Ebelskiver gegrillt

4人分

材料

ピザ生地　2玉（1玉220g）
オリーブオイル　大さじ2

ホウレン草の詰め物：
ホウレン草の葉　200g
玉ネギのみじん切り　1個分
ニンニクのみじん切り　2片分
オリーブオイル　大さじ2
ベースのスパイス（215ページ参照）

アイシング：
卵　3個
生クリーム　200g
パルメザンチーズのすりおろし　大さじ4
ナツメグ　極少量（ナイフの刃先ほど）

クリスピークラスト：
パルメザンチーズのすりおろし　大さじ2
オレガノ　小さじ1
粗挽きパン粉　大さじ1

デコレーション：
半分に切ったチェリートマト　10個
バジリコ
チリオイル

ホウレン草を玉ネギ、ニンニク、オリーブオイルと合わせて強火でさっと焼き、ベースのスパイスで味を整える。

アイシングの材料をよく混ぜ合わせ、ベースのスパイスで味を整える。クリスピークラストの材料をよく混ぜる。

人肌ほどに加熱したエイブルスキーブ・パンにオリーブオイルを薄くひき、ピザ生地を広げる。まだ熱い状態の詰め物を、穴の部分に分けて入れる。グリル台の上にエイブルスキーブ・パンを置き、約170℃で10分間、ピザが薄茶色になるまで間接的に焼く。

アイシングを詰め物の上にのせる。チェリートマトを盛り付け、間接熱で焼き続ける。アイシングがかたまり始めたら、クリスピークラストの材料をピザの上にのせる。ピザがカリッとし、良い香りがただよってくるまでさらに焼く。摘みたての新鮮なバジリコをふり、チリオイルをまぶして完成させる。

ヒント

エイブルスキーブ・パンを温めておくと、穴部分に生地がすんなり入る。ピザの具には、ラムソン（*2）、羊のチーズ、スモークサーモン、カマンベールチーズ、アーティチョーク、ケイパー、アンチョビー、パプリカのペスト、エビなどもよく合う。

*1. エイブルスキーブ・パン：デンマークの伝統料理「エイブルスキーブ」をつくるためのフライパン。エイブルスキーブとはボールのように丸いパンケーキのようなもので、甘くふんわりとした口ざわりが特徴。

*2. ラムソン：チャイブの近縁種。ニラに似た味わい。ドイツ語の「Bärlauch」を直訳し、日本では「熊ニラ」「熊ネギ」と呼ばれることもある。

エイブルスキーブ・パン

グリル鍋のキノコシチュー

Pilzgulasch aus dem
Feuertopf

4人分

材料

玉ネギ　1個
ニンニクのみじん切り　大さじ2
旬のキノコ　500g
ラベージの葉（＊1）　2枚
豚脇腹肉のベーコン　10枚
オリーブオイル　大さじ3
サワークリーム　250g
コーンスターチ　小さじ1（すりきり）
ピメントン・デ・ラ・ベラ（＊2）　小さじ1
ベースのスパイス（215ページ参照）
キャラウェイシード
マジョラム
パプリカパウダー（甘口）
レモンの皮
パセリのみじん切り　大さじ2
泡立てた生クリーム　大さじ2

＊1. ラベージ：セリ科のハーブ。セロ
リに似た風味を持つ。

＊2. ピメントン・デ・ラ・ベラ：スペイ
ンのエストラマドゥーラ地方の赤
ピーマンでつくった辛口パウダー。
パプリカパウダーとチリパウダーを
ブレンドしたものでも可。

グリル鍋

玉ネギとニンニクをみじん切りにする。キノコは下処理をして粗めに切る。ラベージの葉をみじん切りにする。

ベーコンスライスをグリル鍋でカリカリに焼き、脇に寄せておく。鍋に残った脂肪にオリーブオイルを足し、玉ネギとニンニクをさっとローストする。キノコを加え、キノコが柔らかくなるまで焼く。

サワークリームにコーンスターチ、ラベージの葉、ピメントン・デ・ラ・ベラを混ぜ合わせてかき回す。これをキノコが入っている鍋に加え、鍋を火からおろす。こうしてできたキノコソースを調味料で味付けし、レモンの皮で味を整える。パセリ、生クリーム、ベーコンスライスでデコレーションする。

ヒント

このレシピには棒付きパン（175ページ参照）がよく合う。

グリル鍋のキノコシチュー

オリエンタル風野菜炒め

オリエンタル風野菜炒め

Orientalische
Gemüsepfanne

4人分

材料

ナス　1個
ニンジン　2本
セロリ　1本
紫玉ネギ　4個
ニンニク　6片
トマト缶　400g
海塩
ハリッサ（＊）
無農薬レモン　2個

ハリッサ：トウガラシベースの万
能調味料。チュニジア料理やモ
ロッコ料理によく用いられる。

**木炭用グリル
またはガスグリル、ホーロー鍋**

　ナス、ニンジン、セロリ、玉ネギをさいの目切りにする。切った野菜を
ホーロー鍋に入れる。
　ニンニク片を皮ごと押しつぶしたものを鍋に加える。これに缶入りトマ
トを加え、好みに合わせて海塩やハリッサで味付けする。
　レモンをスライスし、さらに半分に切り、野菜をミックスしたものの上に
ならべる。グリル台で150℃の間接熱を40分間当て、火を通して馴染ま
せる。

190   穀類のバーガー　サワークリームディップ添え

穀類のバーガー
サワークリームディップ添え

Getreideburger
mit Saure-Sahne-Dip

4人分

材料

バーガー：
茹でたジャガイモ　200g
クワルク（＊1）　120g
オートミール　大さじ4
炊いたスペルト小麦、ライ麦、玄米　各大さじ3
ニンニクのみじん切り　3片分
紫玉ネギ（小）のみじん切り　1個分
卵　1個
ベルクチーズのさいの目切り　60g
ハーブのみじん切り（パセリ、チャイブ、
クレソン、バジリコ、マジョラム、ルッコラ等）
大さじ3
ベースのスパイス（213ページ参照）
ゴマ、ヒマワリの種、オートミール
（バーガーにまぶす分）
ギー（＊2）　大さじ3
クレソンとチェリートマト、オリーブオイル
（デコレーション用）

ディップ：
サワークリーム　250ml
クレームフレーシュ（＊3）大さじ2
レモン汁　1個分
ニンニクをつぶしたもの　1片分
チャイブの輪切り　大さじ3
クミンを挽いたもの　極少量
（ナイフの刃先ほど）
塩
胡椒
ベースのスパイス

＊1．クワルク：酸味のあるフレッシュチーズの一種。
牛や山羊の生乳を乳酸発酵させ、温めてから凝固
させる製法をとっている。日本では手に入りにくいの
で、カッテージチーズなどで代用するのも可。

＊2．ギー：水牛や牛、ヤギの乳を煮詰めて作ったバ
ターオイル。

＊3．クレームフレーシュ：サワークリームの一種。酸
味や粘度な控え目。脂肪分が多く、リッチな食感が
ある。手に入りにくい際は、このレシピの場合は、サ
ワークリームを280mlにしても可。

グリル板

ジャガイモの皮を剥き、ポテトマッシャーかレシュティ用すりおろし器
にかける。

バーガーの材料をボウルに入れて混ぜ、15分間馴染ませる。バーガー
のタネが柔らかすぎる場合は、オートミールを少々足す。

厚さ2cmのバーガーの形をつくり、ゴマ、オートミール、ヒマワリの種を
合わせたものの中でまぶす。ギーをひいたグリルプレートで両面をカリッ
と焼く。

ディップの材料をすべて混ぜ合わせ、ベースのスパイスで味を整える。

バーガーにディップ、新鮮なクレソン、オリーブオイルでマリネしたチェ
リートマトを添える。

焼き石でつくるグリルパン

Feuerbrot
vom heißen Stein

パン10個分

材料

生地：
ライ麦の全粒粉　500g
スペルト小麦の全粒粉　約500g
サワードウ　100 g
（市販のもの、または自家製）
イーストキューブ　1個
ぬるま湯（温度は30 〜 35℃、または人肌ほ
ど）　750g
パン用スパイス　大さじ2（下記参照）
粗塩　大さじ1

パン用スパイス：
コリアンダー　大さじ2
キャラウェイシード　大さじ1
フェンネル　大さじ1
アニス　小さじ1

パン用スパイスの材料をよく混ぜ、保存用ビンに入れる。
　生地の材料をすべて室温に戻し、柔らかな生地になるまで混ぜる。必要に応じた量のスペルト小麦の全粒粉を混ぜ、生地が指に付かなくなるまでこねる。生地をボール形に成形したものを10個つくる。手のひらで形を整え、木の板にのせて暖かい場所に30分間置き発酵させる。
　火力の強い熾火の上にレンガを2つ置き、よく加熱する。レンガをひっくり返し、熱い面を上にする。2つのレンガをぴったりならべ、小さなホウキ（天然繊維のもの。プラスチック製はNG）で熾火の残りや灰をレンガから払う。熱いレンガの上に、スペルト小麦の全粒粉少々をまぶす。この小麦粉がすぐに焦げ茶色になるようなら、レンガがまだ熱すぎるしるしだ。逆に、色が付かないようなら加熱が足りないしるしである。適正な温度では、小麦粉は薄茶色になる。
　小麦粉をふった木の板にボール形にした生地を置き、手のひらと指の先で広げながら、ピザの要領で平らにする。生地は木製めん棒で伸ばさないこと。生地から空気が押し出され、パンの膨らみが物足りなくなってしまう。
　レンガの上で、平らな円形にしたパン生地の両面が茶色になるまで十分に焼く。レンガの熱が下がってきたら、レンガをひっくり返してホウキで汚れを払えば、また適正な熱でパン生地を焼ける。

ヒント
　パン用スパイスはいつも挽きたてを使うこと。麦類も天然塩と混ぜてミルで挽けばなお理想的だ。全粒粉も挽きたてが一番美味しい。

炉端、レンガ2つ

エンパナーダ

エンパナーダ
Empanadas

約16個分

材料

生地:

そば粉　500g
小麦粉（打ち粉用）
塩　小さじ1
ラード　大さじ3
ぬるま湯（温度は30 〜 35℃、
　または人肌ほど）　200ml

詰め物:

ジャガイモ　150g
お好みのジビエ　700g
紫玉ネギ　700g
色付きパプリカ　2個
ニンニク　3片
ベーコンの角切り（お好みで）
塩
チリパウダー
カレー
マジョラム
タイム

オイル（焼く分）

キャストアイロン製フライパン

ジャガイモを茹で、皮を剥き、小さなさいの目に切る。肉（ジビエ）、玉ネギ、パプリカも小さなさいの目に切り、ニンニクをみじん切りにする。

玉ネギ、ニンニク、ベーコンの角切り、パプリカを強火でさっと焼き付け、調味料とハーブで味を整える。ジャガイモと混ぜ、全体を冷ます。

生地をつくる。そば粉をボウルに入れる。塩とラードを加える。ぬるま湯をラードの上に注ぐ。生地が滑らかで、べたつかなくなるまでこねる。小麦粉をまぶした台の上で厚さ2mmに伸ばす。直径約12cmの円型に生地をくり抜く。

くり抜いた生地の半分に詰め物をのせ、もう半分をその上に被せて閉じる。生地のふちを軽く濡らし、指で押す。フォークでふちをしっかり押しつけ、上下をくっ付けて生地を閉じる。エンパナーダをキャストアイロン製フライパンで黄金色に焼き上げる。

ヒント

エンパナーダには、カラフルなジャーマンポテトがよく合う。

生地が余った場合は、フライパンで一緒に焼き、エンパナーダと一緒に食べたり、パスタ料理の副菜にしても良い。

ダッチオーブンでつくるポルチーニタルト

ダッチオーブンでつくる
ポルチーニタルト
Steinpilz-Torte
aus dem Dutch Oven

4〜6人分

材料

玉ネギ　2個
ニンニク　10片
ポルチーニ　500g
ギー　大さじ2
塩
胡椒
ナツメグ
卵　4個
マスカルポーネチーズ　200g
すりおろしたパルメザンチーズ　100g
バジリコ　100g

玉ネギを薄切りに、ニンニクをフレーク状に切る。ポルチーニを下処理し、洗ってから粗めのフレーク状に切る。

キャストアイロン製フライパンに玉ネギとニンニクを入れ、ギーでさっとローストする。ポルチーニを加え、さらにさっとローストする。塩、胡椒、ナツメグで味付けし、脇に寄せておく。

卵にマスカルポーネチーズとパルメザンチーズ入れて溶きほぐす。バジリコを粗いみじん切りにし、ポルチーニ、玉ネギ、ニンニクに加えて混ぜる。

直径約30cmのダッチオーブンの底にベーキングペーパーを敷く。混ぜた材料をその上に均等に配分し、蓋をする。チャコールブリケットの熾火の上にダッチオーブンを置く。ダッチオーブンの下にはチャコールブリケットを7個、蓋の上には20個配置する（これ以上は置かないこと）。蓋をしたまま45分間焼く。

石製プレートの上に慎重に型抜きする。ベーキングペーパーを剥がす。タルトを大きめに切り分け、サーブする。

ヒント

グリーンサラダと一緒にサーブすると良い。付け合わせにはサーモン、生ハム、エビなどもぴったりである。

ダッチオーブン

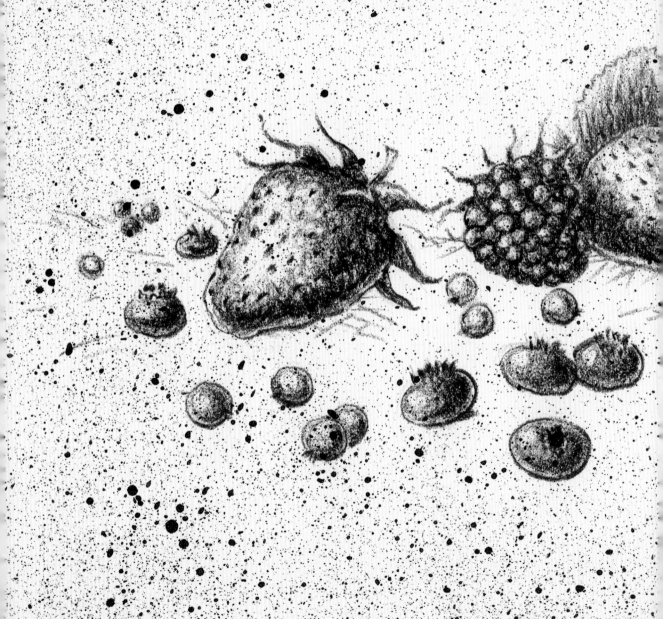

果物とデザート

OBST & DESSERTS

süße Grillereien
スイートなグリル料理

KÜCHLEIN, NOCKEN, AUFLAUF UND PANCAKES

ミニケーキ、ニョッキ、グラダン、パンケーキ

オレンジとチョコのミニケーキ

オレンジとチョコの
ミニケーキ

Schokoladenküchlein
aus der Orange

4人分

材料

オレンジ　4個
卵　4個
きび砂糖　60g
ブラックチョコレート　150g
バター　100g
小麦粉　40g
粉砂糖
ミント
ラズベリー

オレンジの上4分の1を切り取り、果肉を取り除く。

卵と砂糖を泡立てる。チョコレートとバターを合わせて湯煎で溶かす。少し冷まし、泡立てた卵と混ぜ合わせる。最後に小麦粉をゆっくり混ぜる。

残ったほうのオレンジの中にクリーミーな生地を詰める。180℃で約35～40分間グリルする。粉砂糖をまぶし、ミントとラズベリーを飾る。

**ガスグリル
または木炭用グリル**

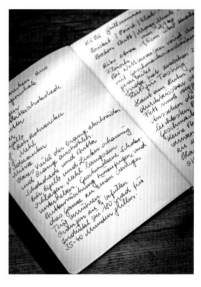

ダッチオーブンでつくる
ドーナツグラタン

Krapfen-Auflauf
aus dem Dutch Oven

4人分

材料

バターと砂糖（ダッチオーブン用）
揚げパン（ドーナツ）　6個
2つ割りのモモ缶　2缶
（1缶正味1kgのもの。シロップは捨てないこと）
卵　8個
バニラプディングパウダー　20g
（バニラエッセンス2、3滴でも可）
砂糖　140g
牛乳　400 ml
生クリーム　600ml
バニラシュガー　10g
ラム（約40度）　20ml
皮を剥いたアーモンド　50g
ブラウンシュガー　25g

ダッチオーブンにバターを塗り、砂糖をまぶす。

揚げパン（ドーナツ）と水気を切ったモモ（半分に切ったもの）を厚さ約5mmにスライスし、瓦屋根のように重ねてダッチオーブン内に層をつくる。モモのシロップ、卵、バニラプディングパウダー、砂糖、牛乳、生クリームをボウルに入れて混ぜ合わせる。バニラシュガーとラムで香りを付ける。

揚げパン（ドーナツ）の層に生クリームと卵をまぜたものを上から注ぐ。皮を剥いたアーモンドとブラウンシュガーをその上にまぶす。

チャコールブリケットを火起こしの中で熾火にする。熾火になっているチャコールブリケット7個を地面に置き、その上にダッチオーブンを置く。残りの11個は、ダッチオーブンの蓋の上に均等にのせる。約60分後、グラタンに焼き色が付いたら完成。

ダッチオーブン

ダッチオーブンでつくるドーナツグラタン

キャラメリゼしたクワルクのニョッキ　イチゴのラグーかけ

キャラメリゼした
クワルクのニョッキ
イチゴのラグーかけ

Karamellisierte Quarknocken
mit Erdbeerragout

4人分

材料

クワルクのニョッキ：
バター　20g
粉砂糖　30g
クワルク（20%）　160g
（カッテージチーズで代用も可）
白パンを砕いたもの（耳は除く）　30g
小麦粉　10g
卵　1個
塩
バニラシード（お好みで）

イチゴのピューレ：
熟したイチゴ　250g
粉砂糖　60g
レモン汁　½個分

砂糖とバター（フライパン用）
粉砂糖（まぶす分）

グリル用フライパンまたは炉端

バターと粉砂糖をよく混ぜ、ニョッキの残りの材料と合わせて混ぜる。混ぜたら20分間寝かせる。

フライパンを200℃で間接的に加熱し、砂糖をふって入れる。薄い色のキャラメリゼにし、バターを少し加えて溶かす。スプーンで生地をすくい、キャラメル液の中に入れる。ひっくり返し、軽く押して平らにする。各面に4分ずつ火を入れる。

イチゴを洗い、粉砂糖と混ぜてミキサーにかける。レモン汁で味を整える。イチゴのピューレを皿に伸ばし、その上にニョッキを置く。粉砂糖をまぶす。

ヒント
新鮮なイチゴ（分量別）やミントを飾りとして使うと見栄えが良い。

ブルーベリーパンケーキの
グリル板のせ

Heidelbeer-Pancakes
auf der Feuerplatte

4人分

材料

卵　4個
牛乳　20ml
小麦粉　130g
バニラシュガー　小さじ1
砂糖　40g
ブルーベリー　400g
ギー　50g

卵を卵白と黄身に分ける。黄身と小麦粉を混ぜ合わせる。卵白にバニラシュガーと砂糖を加えて泡立て、泡を壊さないよう注意しながら黄身と小麦粉を合わせたもの加える。ブルーベリーをそっと加え、やさしく混ぜる。

熾火の上に五徳を置き、グリル板（または鉄製フライパンかダッチオーブンの蓋）を上にかぶせる。180～210℃になるまで加熱する。熱いグリル板にギーを少し溶かす。スプーンで生地を少しすくい、黄金色に焼き上げる。生地がすべてグリル板の上にのったら、最初に焼き始めた分からひっくり返していく。

ヒント

サーブする前に、砂糖とシナモンをふる。または、スグリやラズベリーを添えても良い。ブルーベリーは冷凍のものでもかまわない。凍ったまま加えて軽く混ぜて使う。

**五徳とグリル板、
キャストアイロン製フライパン
またはオープンファイア**

ブルーベリーパンケーキのグリル板のせ

基本のレシピ
GRUND-REZEPTE

ベースのスパイス

材料

粗塩（天然塩）　大さじ6
ローズマリーの葉のみじん切り　小さじ1
タイムの葉　小さじ1
セージの粗みじん　小さじ1
緑胡椒（ホール）　小さじ½
黒胡椒（ホール）　大さじ1
赤胡椒（ポワブルロゼ）　小さじ½

すべての材料をよく混ぜ合わせてから、すり鉢ですりつぶす。肉に使う場合は粗めに、付け合わせやソースに使う場合には細かめにすりつぶす。肉、魚、野菜にぴったり合うスパイスミックス。好みでバリエーションを持たせても良い。

ヒント：乾燥ハーブを使う場合は、混ぜてからすり鉢で多めにすりつぶしたものをストックすることもできる。鮮度は落ちないので便利。

万能スパイスミックス

材料

ニンニクパウダー　大さじ4
オニオンフライを挽いたもの　大さじ4
乾燥タイム　大さじ4
乾燥オレガノ　大さじ4
海塩　大さじ2
パプリカパウダー　大さじ2（甘口・辛口はお好みで）
ブラウンシュガー　大さじ1
挽き胡椒　大さじ1

すべての材料をよく混ぜる。このスパイスミックスは、牛肉、豚肉、鶏肉、魚や野菜に合う。

魔法のスパイスミックス

材料

オニオンフライを挽いたもの　大さじ4
マスタードパウダー　大さじ1
パプリカパウダー　大さじ1（甘口・辛口はお好みで）
粗塩（海塩）　大さじ1
ニンニクパウダー　大さじ1
コリアンダーシード　大さじ1
クミンパウダー　大さじ1
挽き胡椒　大さじ1

すべての材料をよく混ぜる。このスパイスミックスは、牛肉、豚肉、鶏肉、魚や野菜など何にでも合う。

ヨーグルトソース

材料

ギリシャヨーグルトまたはトルコヨーグルト　150g
ニンニクのみじん切り　3g
塩
胡椒
砂糖

ヨーグルトをニンニク、塩、胡椒、砂糖で味付けし、よく混ぜる。

鶏肉用シーズニングソルト

材料

天然塩　大さじ1と½
オレガノ　大さじ1
パプリカパウダー（甘口）　小さじ1
胡椒　小さじ1
シナモンパウダー　1つまみ
カレーパウダー　1つまみ
オールスパイス　1つまみ
ナツメグ　1つまみ

すべての材料をよく混ぜる。

"必需品"ミックス

材料

粗塩（海塩）　大さじ1
挽き胡椒　大さじ1
クミンパウダー　大さじ1
ブラウンシュガー　大さじ1
チリパウダー　極少量（ナイフの刃先ほど）
乾燥オレガノ　大さじ1

すべての材料をよく混ぜる。

ウイスキーのマリネ液

材料

ウイスキー　200ml
溶かしバター　200ml
醤油　200ml
レモン汁　1個分
ウスターソース　大さじ2
ブラウンシュガー　大さじ1
ローズマリーのみじん切り　大さじ2

すべての材料を合わせてよくかき混ぜる。
牛肉、豚肉、鶏肉に合うマリネ液。

イタリア風マリネ液

材料

玉ネギ　1個
パセリ　100g
ローズマリーの葉　大さじ4
ニンニク　4片
ディジョンマスタード　大さじ2
トマトペースト　大さじ2
粗塩（海塩）　大さじ2
胡椒（ホール）　大さじ1
白ワイン　200ml
オリーブオイル　100 ml

玉ネギを小さなさいの目に切る。パセリを
細かく切る。ローズマリーを粗いみじん切
りに、ニンニクを細かいみじん切りにする。
乾燥材料をすべてフードミキサーにかけて
細かくする。そこに、ワイン、オリーブオイ
ル、ディジョンマスタードを加え、全体がな
めらかになるまでさらにミキサーをかける。
牛肉、豚肉、鶏肉、野菜に合うマリネ液。

アジア風マリネ液

材料

エシャロット　1本
ショウガ　大さじ1
ニンニク　2片
ゴマ　大さじ2
ゴマ油　100ml
醤油　大さじ4
ブラウンシュガー　大さじ2
酒　大さじ4
胡椒　大さじ1

エシャロットとショウガをすりおろし、ニン
ニクを小さく押しつぶす。ゴマをから煎り
する。すべての材料をボウルに入れ、全体
がなめらかになるまで混ぜ返す。このマリ
ネ液は、牛肉、豚肉、鶏肉、魚や野菜に合う。

ザアタル

材料

コリアンダーシード　大さじ1
ゴマ　大さじ3
クミン（ホール）小さじ1
乾燥マジョラム　大さじ1
乾燥オレガノ　大さじ2
乾燥タイム　大さじ2
チリフレーク　小さじ1
粗塩（天然塩）　小さじ1
スマック　小さじ1

コリアンダー、ゴマとクミンを、パチパチ
音が立つまで軽くから煎りする。マジョラ
ム、オレガノ、タイムをそこに加える。さら
に少しから煎りして、冷ます。すべての材
料を保存用のガラス瓶に詰め、よく振る。
使う直前にすり鉢ですりつぶす。

ベースのスパイス

おわりに

NACHGLÜHEN

謝辞
Dank

チーム
Team

ここに感謝を送ります

まずは何をおいても、このコンセプトに興味を持ち、出版社に提案してくれたうえ、何かにつけて完璧に手助けをしてくれた、**シュテファニー・ノイハルト**へ。

時には厳しいシュティレス・タールの環境にあっても、私たちのアイデアを素晴らしい写真に撮ってくれた、フォトグラファーの**トーマス・アポルト**へ。

私たちのレシピを、ドイツ、オーストリア、スイスのどの読者にもわかりやすいドイツ語に直してくれた、**エルゼ・リーガー**へ

いつも正しい勘を働かせ、本書にぴったりの演出を考え出してくれた、**ミリアム・シュトロバッハ**へ。

素晴らしいイラストを描いてくれた、**アロン・チェルヴェニー**へ。

紙のオーダーに助力してくれた**Mondi**と**Winter & Company**の二社へ。

そしてやはり、私と同じアサドールであり、友人でもある**アディ**、**レオ**、そして**フランツ**へ。彼らは私のアイデアに即座に夢中になり、自分たちのネットワークと知識を惜しみなく提供してくれた。

また、別途紹介しているが、地域の食材、原始的な調理方法を大切にする同志である、私たちの**パートナー**、そして**供給業者**の人々へ。

本書は、私が出版契約にサインした日に亡くなった、**私の父**に捧げる。

ユルゲン・ケルネッガー

コンセプト&レシピ

アディ・ビッターマン。オーストリア、ゲトレスブルンのレストラン&ヴィノテーク「ビッターマン」で「ゴ・エ・ミヨ」のシェフ帽2つを獲得。その後、ビーフブリスケット、野菜、豚肩肉の部門でグリル世界チャンピオンにも輝く。また「第1カルヌントゥム・グリル学校」では教鞭を執り、グリルの知識を広めている。

ユルゲン・ケルネッガー。マネージャーであり、猟師であり、「アサドール・デ・カサ・アサード」が認定するアサード職人(アサドール)でもある。オーバーエスターライヒ在住。独学が得意なユルゲンは、仕事の傍ら、レオ・グラードゥルとグリルコースを定期的に主催し、グリルの実践と知識の伝播に勤しんでいる。

フランツ・グレーシング。「ゴ・エ・ミヨ」のシェフ帽をグリル網に持ち替え、チロル地方ザンクト・ヨハンにて「グリルABC協会」を設立。2015年のグリル世界大会では、ビーフブリスケットと野菜の部門で勝ち進み、国際BBQオリンピックへの出場権を獲得した。

レオ・グラードゥル。チロル地方のグルメシーンで成功を収めた後、ミュールフィアテル・グラニットラントに拠点を移す。2011年のグリル世界大会で総合優勝を果たしたほか、2015年にはビーフブリスケットと野菜の部門で優勝。有機農場やグリル学校「レオズ・グリルシューレ」を主宰する傍ら、シュティレス・タールにて、ハイテクを駆使した見学可能な肉熟成工房も経営する。

デザイン&レイアウト

ミリアム・シュトロバッハ。グラーツにて情報デザインを学ぶ。現在はウィーンにて料理本やグルメプロジェクト(有機肉の宅配サービス「Porcella」など)の立ち上げに携わっている。

文章

サラ・クローバス。オーストリア、シュタイアーマルク州出身。イタリア・ピエモンテ州の食科学大学、通称「スローフード大学」に学ぶ。フリーのライターおよび編集者として執筆する料理のエピソードは、食欲のみならず深い考察にも読者を誘う。

写真

トーマス・アポルト。オーストリア北東部のヴァルトフィアテルで育つ。90年代より写真家として活動。多くの素晴らしい料理人のために写真を撮り続け、料理本の作成に携わっている。

イラスト

アロン・チェルヴェニー。イギリスでグラフィックおよびイラストを学ぶ。ウィーンの森にあるアトリエで、周囲の世界を美しく、興味深い姿に描き出している。

編集

エルゼ・リーガー。ドイツ生まれ、ウィーン在住。料理本の作成には、料理人の知識と手順を最良の形で言葉と画像に昇華する努力が重要というポリシーを持つ。

ASADO

Ursprünglich
GRILLEN
über offenem
FEUER

Published in its Original Edition 2018 with the title Asado. Urspruünglich Grillen über offenem Feuer
by Adi Bittermann, Leo Gradl, Franz Grössing and Jürgen Kernegger
© 2018 Copyright Christian Brandstätter Verlag, Vienna
Illustrations / Cover Illustrations: Aron Cserveny
Text: Sarah Krobath
Photography: Thomas Apolt

This Japanese edition is published in Japan in 2020 by Graphic-sha Publishing Co., Ltd.
1-14-17 Kudankita, Chiyodaku, Tokyo 102-0073, Japan
Japanese translation © 2020 Graphic-sha Publishing Co., Ltd.

Japanese translation rights arranged with Christian Brandstätter Verlag,
Vienna, through Tuttle-Mori Agency, Inc., Tokyo

Japanese edition creative staff
Supervisor: Ken Tanaka
Translation: Shu Aoki
Translation Management: Trannet Co., Ltd.
Text layout and cover design: Hidetaka Koyanagi (RAIDENSHA)
Editor: Natsuo Hattori (Evergreen Editorial)
Publishing coordinator: Senna Tateyama (Graphic-sha Publishing Co., Ltd.)

なんべい や がいりょうり
南米野外料理 アサード

2020年7月25日　初版第1刷発行

著者:アディ・ビッターマン、フランツ・グレーシング、ユルゲン・ケルネッガー、レオ・グラードゥル
©Adi Bittermann, Franz Grössing, Jürgen Kernegger, Leo Gradl

発行者　長瀬 聡
発行所　株式会社 グラフィック社
　　　　〒102-0073 東京都千代田区九段北1-14-17
　　　　Phone: 03-3263-4318　Fax: 03-3263-5297
　　　　http://www.graphicsha.co.jp
　　　　振替:00130-6-114345

印刷・製本　図書印刷株式会社

制作スタッフ
監修:田中ケン
翻訳:青木 柊
翻訳協力:株式会社トランネット
組版・カバーデザイン:小柳英隆 (雷伝舎)
編集:服部夏生 (常緑編集室)
制作・進行:堅山世奈 (グラフィック社)

ISBN978-4-7661-3444-5　C0076
Printed in Japan